MINISTERIO DE ESGRIMA BÍBLICO INFANTIL (MEBI)

Guía Del Coach - Hechos

Lecciones Estudios Bíblicos

Esgrima Bíblico

- Modalidad De Juegos y Actividades
- Modalidad De Preguntas y Respuestas

Se mantenían firmes en la enseñanza de los apóstoles, en la comunión, en el partimiento del pan y en la oración.
Hechos 2:42 (NVI)

Ministerio De Esgrima Bíblico Infantil: Guía Del Coach - Hechos

Publicado por: Ministerios de Discipulado de la Región Mesoamérica

www.discipulado.MesoamericaRegion.org

www.MieddRecursos.MesoamericaRegion.org

ISBN: 978-1-63580-116-3

Todos los versículos de las Escrituras que se citan son de la Biblia NVI a menos que se indique lo contrario.

Las personas que participaron en la elaboración original de MEBI:
Carolina Ambrosio
Eva Velazquez
Patricia Picavea
Patricia Zamora

Adaptado por: Pamela Vargas Castillo, con amor para los niños de la Iglesia del Nazareno

Impreso en los Estados Unidos

Bienvenido al maravilloso ministerio de esgrima bíblico infantil

En este libro usted encontrará:

1. Lecciones y preguntas

2. Guía para trabajar el esgrima infantil con la modalidad de juegos y actividades.

3. Guía para trabajar el esgrima infantil con la modalidad de preguntas y respuestas. (p. 125)

NOTA: Es importante que se trabaje una sola modalidad como el distrito.

ÍNDICE

¡Bienvenido!

¡Bienvenido a los Estudios Bíblicos para Niños: Hechos! En esta colección de estudios bíblicos, los niños aprenden cómo los discípulos de Jesús difunden el amor de Dios a todo el mundo. El Libro de Hechos lo escribió un doctor llamado Lucas, que acompañó a Pablo en sus viajes. El Libro de Hechos habla de la resurrección y ascensión de Jesús, el don del Espíritu Santo y el inicio de la iglesia. Incluso dice cuándo y dónde se usó la palabra "cristiano" por primera vez. Hechos nos dice cómo los cristianos hoy pueden seguir difundiendo las buenas nuevas acerca del amor de Dios.

Estudios Bíblicos para Niños: Hechos es uno de seis libros de la serie Estudios Bíblicos para Niños. Estas lecciones ayudan a los niños a comprender la cronología bíblica y el significado de los eventos bíblicos. A medida que los niños aprenden acerca de la vida de los personajes en estos estudios, descubren el amor de Dios por toda la gente y el lugar que ellos ocupan en el plan divino. Dios a veces usa milagros para cumplir su propósito. A menudo Él trabaja por medio de personas para realizar lo que desea hacer.

La filosofía de los Estudios Bíblicos para Niños es ayudarles a entender lo que dice la Biblia, aprender cómo Dios ayudaba a la gente, y crecer en su relación con Dios. Esto incluye estudio de la Biblia, memorización de versículos y aplicación de las enseñanzas bíblicas a situaciones de la vida real.

LIBROS

La siguiente es una breve descripción de los libros de esta serie y la forma en que interaccionan entre sí.

Génesis proporciona el fundamento. Este libro relata cómo Dios de la nada creó el mundo, formó a un hombre y una mujer, y creó un hermoso huerto como su hogar. Estas personas pecaron y experimentaron las consecuencias por su pecado. Génesis presenta el plan divino para reconciliar la relación rota entre Dios y la gente. Presenta a Adán, Eva, Noé, Abraham, Isaac y Jacob. Dios hizo un pacto con Abraham y renovó ese pacto con Isaac y Jacob. Génesis concluye con la historia de José, quien salva a la civilización de la hambruna. Esa hambruna compele al pueblo de Dios a trasladarse a Egipto.

Éxodo narra cómo Dios continuó manteniendo su promesa a Abraham. Dios rescató a los israelitas de la esclavitud en Egipto. Jehová escogió a Moisés para que guiara a los israelitas. Dios estableció su reinado sobre los israelitas. Él los guió y gobernó mediante el establecimiento del sacerdocio y el tabernáculo, los Diez Mandamientos y otras leyes, los profetas y los jueces. Al final de Éxodo, sólo una parte del pacto de Jehová con Abraham se había cumplido.

Josué, Jueces y Rut relatan cómo Dios cumplió su pacto con Abraham, que empezó en Génesis. Los israelitas conquistaron la tierra que Dios prometió a Abraham y se establecieron en ella. Los profetas, los sacerdotes, la ley y los rituales de adoración declaraban que Dios era el Señor y el Rey de los israelitas. Las 12 tribus de Israel se establecieron en la tierra prometida. Este estudio resalta a los siguientes jueces: Débora, Gedeón y Sansón.

En **1 y 2 Samuel**, los israelitas quisieron un rey porque las otras naciones tenían rey. Estos libros relatan acerca de Samuel, Saúl y David. Jerusalén llegó a ser el centro de la nación unida de Israel. Este estudio muestra cómo la gente reacciona en diferentes maneras cuando alguien la confronta con sus pecados. Mientras que Saúl culpaba a otros o daba excusas, David admitió su pecado y pidió perdón a Dios.

Mateo es el punto central de toda la serie. Se enfoca en el nacimiento, la vida y el ministerio de Jesús. Todos los libros previos de la serie apuntaban a Jesús como el Hijo de Dios y el Mesías. Jesús marcó el inicio de una nueva era. Los niños aprenden acerca de esta nueva era en varios eventos: las enseñanzas de Jesús, su muerte, su resurrección, y la instrucción a sus discípulos. Por medio de Jesús, Dios proveyó una nueva manera para que la gente tuviera una relación con Él.

En el principio de **Hechos**, Jesús ascendió al cielo, y Dios envió al Espíritu Santo para que ayudara a la iglesia. Las buenas nuevas de salvación por medio de Jesucristo se difundieron a muchas partes del mundo. Los creyentes predicaron el evangelio a los gentiles, y empezó la obra misionera. El mensaje del amor de Dios transformaba tanto a judíos como a gentiles. Hay una conexión directa entre los esfuerzos evangelísticos de los apóstoles Pablo y Pedro con la vida de la gente hoy en día.

CICLO

El siguiente ciclo para usar esta serie es específicamente para los que participan en el aspecto opcional del Esgrima de los Estudios Bíblicos para Niños. Encontrará más información al respecto en la sección titulada "Esgrima Bíblico Infantil" (página 149).

- Hechos (2018-2019)
- Génesis (2019-2020)
- Éxodo (2020-2021)
- Josué, Jueces y Rut (2021-2022)
- 1 y 2 Samuel (2022-2023)
- Mateo (2023-2024)

HORARIO

Cada libro de la serie tiene 20 lecciones. Designe de una a dos horas como tiempo de clase. El siguiente horario es una sugerencia para cada estudio:

- 15 minutos para la Actividad
- 30 minutos para la Lección Bíblica
- 15 minutos para el Versículo para Memorizar
- 30 minutos para Actividades Adicionales (opcional)
- 30 minutos para Practicar para el Esgrima (opcional)

PREPARACIÓN DEL MAESTRO

Una buena preparación de cada estudio es importante. Los niños están más atentos y entienden mejor el estudio si usted lo prepara bien y lo presenta bien. Los siguientes pasos le ayudarán a prepararse.

Paso 1: Panorama Rápido. Lea el Versículo Clave y Objetivos de Enseñanza.

Paso 2: Pasaje Bíblico y Comentario Bíblico. Lea los versículos del pasaje bíblico para la lección y la información del Comentario Bíblico, además de las Palabras Relacionadas con Nuestra Fe, Personajes, Lugares y Objetos que se incluyan.

Paso 3: Actividad de Apertura. Esta sección incluye un juego u otra actividad a fin de preparar a los niños para la lección bíblica. Familiarícese con la actividad, las instrucciones y los materiales. Lleve a la clase los materiales que necesite. Antes que lleguen los niños, prepare la actividad

Paso 4: Lección Bíblica. Repase la lección y apréndala de manera que pueda relatarla como una historia. Los niños quieren que el maestro narre la historia en vez de que la lea del libro. Use las Palabras Relacionadas con Nuestra Fe de cada lección para proveer información adicional al relatar la historia. Después de ésta, use las preguntas de repaso. Éstas ayudarán a los niños a comprender la historia y aplicarla a sus vidas.

Paso 5: Versículo para Memorizar (Versículo Clave). Aprenda el versículo para memorizar antes de enseñarlo a los niños. En página 61, hay actividades sugeridas para la memorización. Escoja de esas actividades para ayudar a los niños a aprender el versículo. Familiarícese con la actividad que elija. Lea las instrucciones y prepare los materiales que llevará a la clase.

Paso 6: Actividades Sugeridas. Estas actividades reforzarán el estudio bíblico de los niños usando juegos y actividades activas (incluidos en este libro). Muchas de ellas requieren materiales, recursos y tiempo adicionales. Familiarícese con las actividades que elija. Lea las instrucciones y prepare los materiales que llevará a la clase.

Paso 7: Revisa las preguntas sobre el estudio

Paso 8 (Opcional): Práctica para la competencia del Esgrima Bíblico de modalidad de preguntas y respuestas. Este es un tipo de competencia de los Estudios Bíblicos para Niños y encontrará más información en la sección titulada "Guía Para La Modalidad De Esgrima Bíblico Con Preguntas Y Respuestas" (página 125). Si deciden participar en este tipo de esgrima, pase tiempo con los niños en su preparación. Hay preguntas de práctica para cada estudio. Las primeras 10 preguntas son para el nivel básico de competencia. Las siguientes 10 preguntas son para el nivel avanzado de competencia. Con la guía de su maestro, los niños eligen su nivel para la competencia.

EL DON PROMETIDO

Lección 1

PASAJE BÍBLICO: Hechos 1:1-2:47

VERSÍCULO CLAVE: "Pero cuando venga el Espíritu Santo sobre ustedes, recibirán poder y serán mis testigos tanto en Jerusalén como en toda Judea y Samaria, y hasta los confines de la tierra" (Hechos 1:8).

OBJETIVOS DE ENSEÑANZA Ayudar a los niños a:

1. Conocer al Espíritu Santo como guía de nuestras vidas y reconocer su guía en la divulgación del evangelio.

2. Convencernos de que el Espíritu Santo es el don de Dios para nosotros.

COMENTARIO BÍBLICO

El libro de Lucas, los Hechos de los Apóstoles, invita a sus lectores a continuar la misión de Cristo hasta que Él regrese.

Por cuarenta días Jesús preparó a sus seguidores para que continuaran su misión. "Cuarenta" nos hace recordar a los que fueron probados antes de comenzar su ministerio: los israelitas que se perdieron en el desierto, Moisés en el monte Sinaí, Elías cuando escapó a Horeb.

Jesús repite la profecía de Isaías 32:15. El Espíritu es quien capacita a los creyentes para que testifiquen eficazmente al mundo entero.

Los seguidores de Jesús fueron bautizados con el Espíritu Santo en Pentecostés. Al principio, Pentecostés (también llamado Fiesta de las Semanas) celebraba el regalo de Dios de los Diez Mandamientos a Moisés y al pueblo de Israel, 50 días después del Éxodo de Egipto. Para los cristianos hoy, Pentecostés es una celebración del don de Dios al dar su Espíritu a todos los creyentes, 50 días después del Domingo de Resurrección.

Dios derramó su Espíritu en la comunidad de creyentes. El Espíritu los unió y les dio pasión para seguir a Cristo. Ellos recibieron el poder para comunicar claramente la verdad de Jesús al mundo entero.

Pedro invitó a sus oyentes a que se arrepintieran y fuesen bautizados. Nuevos creyentes se unieron a la comunidad de fe, y crecieron en su fe al obedecer las enseñanzas de los apóstoles, orar cada día y compartir sus bienes con los necesitados. En estos dos primeros capítulos, vemos el comienzo de la misión de Jesús para dar libertad del pecado y propagar ese mensaje hasta lo último de la tierra.

La iglesia primitiva tuvo esperanza. Vieron que Dios continuaba transformándolos por el poder del Espíritu Santo. Dios estaba revelando su reino en la tierra. Estaban entusiasmados para compartir estas buenas nuevas con todos. Como creyentes, seguimos la misión que comenzó con la iglesia fiel hace más de dos mil años. Asimismo, podemos experimentar el poder del Espíritu Santo, y seremos testigos del reino de Dios cuando Dios nos transforme.

PALABRAS RELACIONADAS CON NUESTRA FE

Espíritu Santo — El Espíritu de Dios. El Espíritu Santo nos da poder para vivir para Dios cuando confiamos en Jesús como Salvador.

Jesucristo — Jesús es el Hijo de Dios, el Salvador del mundo. Jesús es completamente Dios y completamente humano. Cristo es una palabra griega que significa "el ungido".

Mesías — Mesías es una palabra hebrea que significa "el ungido" y usualmente se traduce como "el Cristo". Se refiere a Jesucristo.

Pedro — Uno de los 12 discípulos de Jesús. Predicó el primer sermón en Pentecostés y fue líder en la iglesia primitiva.

Jerusalén — El centro de la religión judía.

Jerusalén es el punto geográfico central de muchos relatos de la Biblia.

Pentecostés — Fiesta religiosa judía que se celebraba 50 días después de la Pascua. Los cristianos lo celebran como el día cuando el Espíritu Santo vino y nació la iglesia primitiva.

Apóstoles — Primeros líderes de la iglesia cristiana que fueron especialmente escogidos por Jesús. Fueron embajadores de Dios a medida que la iglesia creció y se extendió.

Bautismo — Ceremonia pública que simboliza el nuevo nacimiento de una persona en Cristo Jesús. El bautismo es un ritual en el que se sumerge al creyente en agua, o se le rocía o vierte agua en la cabeza. El creyente elige ser bautizado para mostrar que está iniciando una nueva vida en Cristo.

Judíos — La gente que practica la religión judía. Dios estableció un pacto con Abraham en Génesis 15 y 17. A los judíos se les conoce como los descendientes de Abraham, de su hijo y su nieto (Isaac y Jacob). La Biblia también los llama Israelitas.

Profecía — Un mensaje de Dios a la gente. Algunas profecías dicen lo que sucederá en el futuro.

ACTIVIDAD DE APERTURA

¡Tiempo de fiesta! Puede decorar su salón de clases o lugar donde se reúnan como si fuera a celebrar una fiesta de cumpleaños, hasta puede llevar un pastel. Si no es posible tener una fiesta, inicie su sesión pidiendo a sus niños que describan con lujo de detalle la "fiesta perfecta".

Deje al grupo compartir sus ideas un rato y cuando esté listo para iniciar el estudio bíblico entrégueles las siguientes dos preguntas por escrito o simplemente léalas en voz alta y pida al grupo que conteste.

La primera pregunta tiene que ver con la definición de la palabra iglesia. Obviamente la usamos para muchas cosas, como las opciones de respuesta lo indican. La respuesta correcta no está impresa: "Todas las anteriores". Todas las respuestas son correctas, dependiendo del significado deseado. Tome un momento para ayudar a su clase a enfocarse en la última respuesta, "todos los cristianos del mundo". Esa es la definición de "iglesia" que usaremos hoy.

La segunda pregunta es más difícil. La respuesta correcta es: "El día que el Espíritu Santo llenó a los apóstoles (Pentecostés)". Use esto como una transición a la lección.

¿Cuál es la definición de la palabra "iglesia"?

Elige una de las siguientes respuestas:

a. Un edificio en donde la gente adora

b. Las personas que adoran en ese edificio

c. El tiempo que esas personas se reúnen para adorar

d. Todas las personas en una cierta denominación.

e. Todos los cristianos del mundo.

Si tuvieras que elegir un día para celebrar el cumpleaños de la Iglesia, ¿cuál de estos elegirías?

a. El día que Jesús nació (Navidad)

b. El día que Jesús fue crucificado (Viernes Santo)

c. El día que Jesús se levantó de entre los muertos (Pascua)

d. El día que Jesús regresó al cielo

e. El día que el Espíritu Santo llenó a los apóstoles (Pentecostés)

LECCIÓN BÍBLICA

1. Adiós... por ahora (1:1-11)

Hechos es el segundo volumen de un juego de dos que empezó con el libro de Lucas. En el volumen uno, Lucas escribió "todo lo que Jesús comenzó a hacer y enseñar" (Hechos 1:1). Ahora va a hablar de las cosas que Jesús continuó haciendo, por medio de Su Iglesia.

Lucas empieza su historia con un breve resumen del último capítulo del volumen uno (ver Lucas 24), que describe varias de las apariciones de Jesús tras Su crucifixión y resurrección. Luego describe la ascensión al cielo.
Pida a los niños que ubiquen en el mapa las tres áreas de divulgación del evangelio (1:8)

2. Y el ganador es... (1:12-26)

Tras la ascensión de Jesús, Pedro, quien obviamente era el líder del grupo de cristianos, sintió la necesidad de reemplazar a Judas para mantener el número de apóstoles en 12. Los criterios para elegir al doceavo apóstol, que Pedro cita en los versículos 21-22, eran que fuera alguien que hubiera sido parte del ministerio terrenal de Jesús desde el principio y que fuera testigo de la Resurrección. Dos hombres cumplían esos requisitos: José llamado Barsabás y Matías.

Después de orar, los apóstoles echaron suertes y seleccionaron a Matías. ¿Quiénes eran estos hombres? No lo sabemos. Pero los apóstoles oraron por el asunto y echaron suertes. Y así eligieron a Matías.

3. El cumpleaños de la iglesia (2:1-41)

En este capítulo, Lucas registra los eventos del día considerado como el cumpleaños de la Iglesia, el Día del Pentecostés.

El Pentecostés era una de las principales festividades judías. Tiene lugar el 50° día después de la Pascua y obtiene su nombre de la palabra griega que significa "50". Ese día, los cristianos "estaban todos juntos en el mismo lugar" (2:1). Sin duda ya sabes lo que sucedió después. Primero el sonido de un viento violento vino del cielo (v. 2) Luego unas lenguas como de fuego aparecieron sobre la cabeza de cada uno de los cristianos (v. 3). Y después, cuando fueron individual y colectivamente llenos del Espíritu Santo, empezaron a hablar en "diferentes lenguas" (v. 4).

Es importante destacar que estas "otras lenguas" no eran lenguas incomprensibles sino idiomas conocidos, los idiomas o lenguas de los peregrinos que estaban en Jerusalén ese día (ver v. 8-11).

Dibujen las señales milagrosas que acompañaron el momento en que los creyentes fueron llenos del Espíritu Santo.

Luego Pedro se puso de pie y dio el primer sermón cristiano, a favor de la verdad del evangelio.

Pida a los niños que lean el sermón de Pedro y que lo resuman en dos o tres oraciones. (2:14-36)

4. La vida diaria de la Iglesia (2:42-47)
Este corto pasaje nos permite asomarnos a la vida diaria de los cristianos durante las primeras semanas de la Iglesia.

Hagan un listado de las actividades que hacían a diario los creyentes (2:42-47)

¿Hay alguna palabra que aparezca frecuentemente en esta lista? Desde luego, juntos. La Iglesia Primitiva entendía la importancia de estar cerca unos de otros. ¡Ese debió ser un tiempo emocionante!

ACTIVIDADES SUGERIDAS
*Pida a los niños que en casa realicen el glosario de palabras relacionadas a nuestra fe.

*Redactar un listado con el nombre de los personajes, lugares y objetos que aparecen en este pasaje.

*Realice los juegos en este libro que tengan relación con esta lección, crucigrama, termine la historia, juegos de la categoría de arte manual.

PREGUNTAS

CAPITULO 1 - 2
1. ¿A quién esta dirigido el libro de hechos? (1:1)
   R/ a Teófilo

2. ¿Por qué Jesús les ordenó a los discípulos que no se alejaran de Jerusalén? (1:4-5)
   R/ para que esperaran ahí la promesa del padre, el Espíritu Santo.

3. ¿Dónde serían testigos los apóstoles una vez que hayan recibido al Espíritu Santo? (1:8)
   R/ Jerusalén, Judea, Samaria y hasta los confines de la tierra.

4. De acuerdo a hechos 1:15 ¿cómo de cuantas personas era el grupo de creyentes en aquellos días?
   R/ ciento veinte.

5. ¿Quién fue electo a la suerte para reemplazar a Judas? (1:26)
   R/ Matías.

6. ¿Cuáles son las tres señales que se dieron en pentecostés? (2:2-4)
   *Una violenta ráfaga de viento
   *Lenguas repartidas como de fuego
   *Hablar diferentes idiomas.

7. ¿Quién será salvo? (2:21)
   R/ todo aquel que invoque el nombre del Señor.

8. De acuerdo a hechos 2:41 ¿cuántas personas se unieron a la iglesia?
   R/ tres mil.

MEJOR QUE EL DINERO

Lección 2

PASAJE BÍBLICO: Hechos 3:1-4:31

VERSÍCULO CLAVE: De hecho, en ningún otro hay salvación, porque no hay bajo el cielo otro nombre dado a los hombres mediante el cual podamos ser salvos (Hechos 4:12).

OBJETIVOS DE ENSEÑANZA Ayudar a los niños a:

1. Sentirse bien por los dones que Dios les ha dado.

2. Dar la gloria a Dios por sus dones.

3. El Espíritu Santo nos da el valor para testificar de Jesús.

COMENTARIO BÍBLICO

Mientras Pedro y Juan se acercaban al templo para orar, un mendigo cojo los llamó y les pidió dinero. Por su condición física, el cojo no podía adorar a Dios en el templo. Lo consideraban impuro e intruso. En vez de darle dinero, Pedro lo sanó en el nombre de Jesús. (Vemos un incidente similar con Jesús en Lucas 13:10-13, una de las muchas historias donde Jesús sanó a personas). Esta historia nos permite vislumbrar de qué trata el libro de Hechos: los primeros creyentes proclamaron a todos las buenas nuevas sobre Jesús y la salvación, no sólo a los religiosos privilegiados.

El mendigo, completamente restaurado, alabó a Dios con Pedro y Juan. Pedro declaró que la sanidad del cojo ocurrió por el nombre de Jesús. Vemos que el poder de Jesús no tiene límites. Él puede hacer milagros para sanar y salvar a la gente.

Los líderes religiosos arrestaron a Pedro y Juan. Sin embargo, los apóstoles estaban preparados porque Jesús les enseñó a no preocuparse sobre qué decir cuando eso pasara. El Espíritu Santo los ayudaría (Lucas 12:11-12). Así que, guiado por el Espíritu Santo, Pedro habló con confianza frente a ese grupo de líderes religiosos enojados. Él repitió su mensaje de las buenas nuevas de Jesús, el único que puede salvar.

El concilio no quería que ese mensaje sobre Jesús se difundiera. Ordenaron a los apóstoles que dejasen de predicar en el nombre de Jesús. Pedro y Juan reconocieron que su primera obligación era obedecer a Dios.

El Espíritu ayudó a Pedro, el testigo fiel, para que hablara con valentía. Sólo unos meses antes Pedro había negado su relación con Jesús. Pero, después de Pentecostés, pudo defender públicamente a su Señor.

PALABRAS RELACIONADAS CON NUESTRA FE

Saduceos — Líderes judíos de familias de sacerdotes que creían en seguir estrictamente la ley de Moisés. No creían en la resurrección de los muertos ni en ángeles. (También se les llamaba "escribas").

Arrepentirse — Alejarse del pecado y volverse a Dios.

Limpio e inmundo — Categorías que definen a ciertas personas, animales y alimentos según la ley y las costumbres judías. Generalmente alguien podía hacer que algo inmundo fuese limpio realizando un ritual especial, llamado lavamiento ceremonial. En el Nuevo Testamento, Jesús demostró que lo limpio e inmundo era más interno que externo. Sólo Dios puede hacer limpia a una persona. Lea Ezequiel 36:24-27 para tener más información.

Salvación — Todo lo que Dios hace para perdonar a las personas de sus pecados y ayudarles a obedecerle. Sólo Dios puede salvar del pecado a la gente. concilio — Grupo de líderes judíos que actuaban como tribunal legal.

Testigo — Alguien que cuenta a otros lo que vio o experimentó. Un testigo cristiano es aquel que cuenta a otros acerca de Jesús y la salvación.

Templo — Un lugar especial de adoración a Dios en Jerusalén, usado por los judíos en tiempos bíblicos. El primer templo lo construyó Salomón. Lea los detalles en 1 Reyes 6.

ACTIVIDAD DE APERTURA

Para esta actividad necesitará lo siguiente:

• Cinta adhesiva de papel [masking tape], opcional (puede elegir otra forma para designar "la cárcel" en la lección)

Antes de la clase, use la cinta adhesiva para designar un espacio cuadrado grande en el piso para que sea "la cárcel".

Esta área debe ser lo suficientemente grande para que los niños se paren o sienten allí.

Durante el estudio, lea y discutan los puntos principales de la historia bíblica. Dirija el diálogo de modo que los niños hablen de Jesús. Cada vez que alguien mencione a Jesús, él o ella debe ir a la cárcel. Diga: En el tiempo de Pedro y Juan, a muchos creyentes los arrestaron y los encerraron en la cárcel por hablar de Jesús. ¿Qué creen que hacían ellos en la cárcel?

LECCIÓN BÍBLICA

1. ¿Hay algo mejor que el oro y la plata? (3:1-10)

Sin ayuda médica, los discapacitados en el antiguo Israel que no provenían de familias ricas sólo tenían una opción: pedir limosna para sobrevivir. Este pasaje cuenta la historia de una persona así, un hombre de 40 años aproximadamente (ver 4:22), que había estado lisiado desde que nació.

Un día Pedro y Juan iban al Templo a orar. Fíjate cómo guardaban las tradiciones de la religión judía. Los primeros cristianos continuaron siendo fieles hebreos, sin intención de romper con su religión de nacimiento. Vieron al cristianismo como el cumplimiento, no como al reemplazo, del judaísmo.

A la puerta del Templo, los apóstoles encontraron a este discapacitado con su costumbre diaria de pedir limosna para satisfacer sus necesidades básicas.

*Después de leer este corto pasaje pregúnteles a los niños y permita que ellos respondan:

1. Cuando Pedro dijo, "no tengo plata ni oro" (v. 6), ¿qué crees que quiso decir? Elige una de las respuestas:
   • "Somos pobres como tú".
   • "Se nos olvidó el dinero en casa".
   • "Creemos que no es dinero lo que necesitas".

   • "Comparado con lo que tenemos para darte, el dinero no es nada".

2. ¿Se quedó Pedro con el crédito de haber sanado al hombre? (v. 6)

3. ¿Qué hizo el hombre después de haber sanado? (v. 8) 4. ¿Cuál fue la respuesta de las personas en el Templo cuando vieron al hombre? (v. 10)

2. Pedro da su segundo sermón (3:11-26)

Ver a este hombre, que había estado pidiendo limosna a la puerta del Templo desde hacía años, correr y saltar hizo que la gente se amontonara. Y Pedro, como muchos predicadores, sacó ventaja de la situación. Esta era una oportunidad de oro para dar otro sermón.

*Ayude a los niños a leer el sermón registrado en estos versículos y luego compárenlo con el sermón que está en 2:14-41. ¿En qué se parecen? ¿En qué son diferentes?

3. Buen sermón, Pedro. ¡Te atrapamos! (4:1-22)

Justo cuando Pedro estaba por terminar su sermón y hacer una invitación fue interrumpido, por los guardias del Templo y los oficiales judíos. No estaban muy contentos por todo el alboroto, especialmente cuando se dieron cuenta de que Pedro estaba predicando otra vez sobre Jesús. Así que lo metieron en la cárcel por una noche.

Al día siguiente Pedro fue llevado ante el Consejo (Sanedrín), la suprema corte judía.

4. La respuesta de la congregación (4:23-31)

Después de que Pedro y Juan fueron liberados regresaron a su comunidad cristiana, donde tuvieron una reunión de oración. (Fíjate en esa maravillosa palabra unánimes en el versículo 24). Esta oración nos revela cómo los primeros cristianos respondieron a la persecución ese día y cómo pensaban responder en el futuro.

En el versículo 29 los apóstoles tienen un plan de batalla, ¿cómo respondió Dios a su oración? (V. 31)

*Continúen con el glosario de palabras relacionadas a nuestra fe.

*Añada al listado, los personajes, lugares y objetos que aparecen en esta lección.

*Realice los juegos que tienen relación con esta lección, ¿cómo lo imaginas?, banderas.

PREGUNTAS

CAPITULO 3-4:22

1. ¿Dónde había un hombre lisiado de nacimiento? (3:2)
   R/ junto a la puerta llamada Hermosa.

2. ¿De qué es autor Jesús? (3:15)
   R/ de la vida.

3. ¿Qué le dio completa sanidad al hombre lisiado de nacimiento? (3:16)
   R/ La fe que viene por medio de Jesús.

4. ¿Dónde metieron a Pedro y Juan hasta el día siguiente? (4:3)
   R/ en la cárcel.

5. ¿Cuántos hombres creyeron, después de oír el sermón de Pedro en el pórtico de Salomón? (4:4)
   R/ cinco mil.

6. ¿Qué ordenaron terminantemente a Pedro y a Juan? (4:18)
   R/ que dejaran de hablar y de enseñar acerca del nombre de Jesús.

7. ¿Qué pidieron los creyentes en hechos 4:29?
   R/ toma en cuenta sus amenazas y permite a tus siervos proclamar tu palabra sin temor alguno.

8. De acuerdo a Hechos 4:31, ¿Qué sucedió después de haber orado?
   R/ tembló el lugar en el que estaban reunidos, todos fueron llenos del Espíritu Santo y proclamaban la Palabra de Dios sin temor alguno.

DE UN SOLO SENTIR

Lección 3

PASAJE BÍBLICO: Hechos 4:32-5:42

VERSÍCULO CLAVE: "Todos los creyentes eran de un solo sentir y pensar. Nadie consideraba suya ninguna de sus posesiones, sino que las compartían." (Hechos 4:32).

OBJETIVOS DE ENSEÑANZA Ayudar a los niños a:

1. Desear vidas de obediencia real.
2. Dios suple para nuestras necesidades a través de personas obedientes.

COMENTARIO BÍBLICO

A veces los creyentes de la iglesia primitiva decidían compartir con otros sus bienes o el dinero de la venta de sus propiedades. La caridad en la comunidad fomentaba la amistad, la madurez y una confianza radical en Dios. Sin embargo, dar dinero y propiedades era voluntario.

Hay dos ejemplos diferentes de creyentes que compartieron sus bienes: uno con honestidad y otro con engaño.

Bernabé vendió una heredad y dio el dinero a los apóstoles. Este es un ejemplo de cómo ser un dador fiel y honesto. Después veremos el papel de Bernabé, como alguien que alentaba a los creyentes cuando apoyó a Pablo en su ministerio.

Hubo otros dos creyentes que fueron lo opuesto de Bernabé: Ananías y su esposa Safira. Ellos también vendieron su heredad, pero guardaron parte del dinero para sí mismos. Cuando dieron parte del dinero a los discípulos, fingieron que era la cantidad total. Esta historia nos da el primer informe de pecado en la iglesia primitiva. Ellos pecaron al mentir a Dios y los demás.

Los apóstoles dieron a ambos la oportunidad de arrepentirse, pero siguieron mintiendo. El castigo fue rápido y ambos murieron.

El castigo para Ananías y Safira quizás parezca severo.

Sin embargo, la iglesia primitiva aprendió una lección importante. Aunque su fe en Jesús les libró de algunas de las restricciones de las leyes judías, eso no significaba libertad para ser inmorales. La mentira y la falta de respeto a la autoridad no podían tener lugar en la comunidad de fe.

Desafortunadamente, la obra del Espíritu en la vida de Ananías y Safira no cambió su amor por el prestigio y el dinero. La obra del Espíritu en la vida del creyente debe llevarle a la libertad y generosidad, cómo Bernabé lo demostró. ¡Sigamos su ejemplo!

PALABRAS RELACIONADAS CON NUESTRA FE

Creyente — La persona que cree que Jesús es Hijo de Dios. Los creyentes aceptan a Jesús como su Salvador, lo aman y obedecen.

ACTIVIDAD DE APERTURA

Para esta actividad necesitará lo siguiente:

• Un regalo barato para cada alumno (por ejemplo: un pedazo de fruta, pan, galleta, dulce, un juguetito u otra cosa simple)

• Dinero de juguete (use dinero de algún juego o haga el suyo, cortando tiras de papel y escribiendo distintas cantidades en cada una) Distribuya los regalos baratos a algunos de los niños, no a todos.

Indíqueles que no deben jugar con su nueva posesión o comerla. Designe a un líder adulto o a un niño para que se encargue del dinero de juguete. Anime a los niños a vender sus posesiones y luego dar el dinero a alguien que no tenga una posesión. Anime al banquero a comprar y vender las cosas de modo que, al final, cada alumno tenga un regalo.

Diga: Los regalos representan nuestras necesidades diarias. Dios quiere que seamos compasivos y generosos unos con otros. Cuando damos, ayudamos a los que tienen necesidad. Los primeros cristianos ayudaban a otros y nosotros también podemos hacerlo. Dialoguen de cómo los primeros cristianos se ayudaban unos a otros, vendiendo algunas de sus posesiones para ayudar a los que estaban necesitados.

LECCIÓN BÍBLICA

1. Comparte y comparte por igual (4:32-37)

Este pasaje empieza con una declaración maravillosa; "Todos los creyentes eran de un solo sentir y pensar". Tristemente, esa afirmación raramente ha sido cierta en los 2 mil años que han pasado desde entonces.

La armonía y unidad entre aquellos primeros cristianos era tan completa que se extendía hasta sus bolsillos. Cada creyente contribuía con sus

14

finanzas personales a una tesorería común, de donde se distribuía el dinero de acuerdo con la necesidad. Tan efectivo era este sistema que "no había ningún necesitado en la comunidad". (v. 34).

2. Problemas desde adentro (5:1-11)

No era suficiente que los apóstoles tuvieran problemas desde el exterior, pronto empezaron a tenerlos desde dentro de la comunidad cristiana.

En el pasaje anterior leemos del reparto desinteresado de riqueza y bienes entre los cristianos en Jerusalén. Los últimos versículos que leemos (4:36-37) nos dan el ejemplo de José el levita. Ahora encontramos a Ananías y a Safira quienes también vendieron un terreno y lo donaron a la comunidad.

Pero algo salió mal entre la venta y la donación.

*Pida a los niños que lean el pasaje y luego pregúnteles:

1. El dinero que Ananías y Safira dieron a los apóstoles ciertamente era una donación generosa. ¿Qué había de malo en ella?

2. ¿Cuál fue el verdadero pecado de la pareja? (v. 4)

3. ¿Por qué crees que Dios les dio un castigo tan duro?

3. Se divulga la fama de la comunidad (5:12-16)

Como leemos en 2:43, los apóstoles continuaron realizando "muchos prodigios y señales". Este era un tiempo de importancia global. El derramamiento del Espíritu Santo sobre la humanidad, que inició el Día del Pentecostés, fue poderoso y espectacular.

Las noticias de estos prodigios y señales llenaron Jerusalén y los pueblos vecinos. Llevaban multitudes de enfermos a los discípulos para que los sanaran. Aun así, cuando los creyentes se reunían en un espacio público, como el Pórtico de Salomón, "nadie... se atrevía a juntarse con ellos" (v. 13).

4. Problemas desde afuera (5:17-42)

Como recordarás del capítulo 4, cuando Pedro y Juan fueron arrestados la primera vez los líderes judíos "les ordenaron terminantemente que dejaran de hablar y enseñar acerca del nombre de Jesús" (4:18). Obviamente, los apóstoles no estaban obedeciendo la orden.

Por lo mismo, no es ninguna sorpresa que los líderes cristianos se encontraran en la cárcel una vez más. Sin embargo, esta vez no se quedaron ahí por mucho tiempo. Un ángel vino a media noche y los sacó y al amanecer ya estaban de vuelta en los atrios del Templo predicando y enseñando. A pesar de los azotes, los apóstoles se fueron del Consejo "llenos de gozo", aunque la mayoría de nosotros nunca haya experimentado un castigo severo a causa de nuestra fe, nuestros hermanos y hermanas en Cristo en otras partes del mundo todavía lo sufren.

ACTIVIDADES SUGERIDAS

*Continúen con el glosario de palabras relacionadas a nuestra fe.

*Añada al listado, los personajes, lugares y objetos que aparecen en esta lección.

*Realice los juegos que tienen relación con esta lección, Termine la historia, la biblia en nuestros tiempos, dígalo con mímica, última hora, juegos de la categoría de arte manual.

PREGUNTAS

CAPITULO 4-5

1. ¿Quiénes eran de un solo sentir y pensar? (4:32)
   R/ todos los creyentes.

2. ¿Qué sobrenombre le dieron a José el levita natural de Chipre? (4:36)
   R/ Bernabé, que significa consolador.

3. ¿Qué hizo José, también llamado Bernabé, con el dinero del terreno que vendió? (4:37)
   R/ lo puso a los pies de los apóstoles.

4. De acuerdo a Hechos 5:4, ¿A quién mintió Ananías?
   R/ a Dios, no a los hombres.

5. ¿Quiénes murieron por haberle mentido a Dios? (5:1-11)
   R/ Ananías y Safira.

6. ¿Qué se apoderó de la iglesia y de todos los que se habían enterado de la muerte de Ananías y Safira? (5:11)
   R/ un gran temor.

7. ¿Dónde se reunían todos de común acuerdo? (5:12)
   R/ en el pórtico de Salomón.

8. Cite de memoria Hechos 5:29
   R/ ¡Es necesario obedecer a Dios antes que a los hombres! respondieron Pedro y los demás apóstoles

LA IGLESIA SE ESPARCE

Lección 4

PASAJE BÍBLICO: Hechos 6:1-8:3

VERSÍCULO CLAVE: "Y la palabra de Dios se difundía: el número de los discípulos aumentaba considerablemente en Jerusalén, e incluso muchos de los sacerdotes obedecían la fe" (Hechos 6:7)

OBJETIVOS DE ENSEÑANZA Ayudar a los niños a:

1. Defender lo correcto, aun cuando estemos solos.

2. Saber que Dios siempre esta con nosotros, aun en tiempos de persecución, debemos depender de él para permanecer fuertes.

COMENTARIO BÍBLICO

La iglesia primitiva enfrentó muchos problemas, incluyendo prejuicio y persecución. A los primeros cristianos los conocían por su generosidad y caridad. Pero, un problema por la distribución injusta de comida amenazó dividir a la iglesia. Los apóstoles afrontaron bien el conflicto. Reconocieron que necesitaban más líderes para trabajar en áreas específicas de ministerio. Esteban fue uno de esos líderes a quienes los apóstoles asignaron deberes administrativos. Los apóstoles lo eligieron junto con otras seis personas. Estos varones eran sabios y llenos del Espíritu Santo. Gracias a su fidelidad, las buenas nuevas de Jesús se propagaron rápidamente.

El ministerio de Esteban no se limitó a distribuir alimentos. Él predicaba y hacía milagros, como los que Joel profetizó y Pedro mencionó en su sermón el día de Pentecostés. Como en el caso de Pedro, su predicación no agradó a ciertos líderes religiosos. Éstos mintieron y pagaron a otros para que mintieran, de modo que Esteban fuese llevado a juicio ante su tribunal religioso, el concilio. Aunque Esteban era inocente y sus acusadores mintieron, el concilio lo ejecutó.

La vida y muerte de Esteban se asemejan a otros relatos bíblicos. La visión que Esteban tuvo de Dios es un eco de la historia del encuentro de Moisés con Dios en el monte Sinaí (Éxodo 34:29). Las acusaciones contra Esteban se parecen a las que hicieron contra Jesús. Esteban comparó a sus acusadores con los israelitas impenitentes en el desierto. Tal como Jesús, en el momento de su muerte, la preocupación de Esteban fue el perdón para sus asesinos. Esteban fue el primer mártir cristiano, y reflejó el corazón y la mente de Jesús en su vida y también en su muerte.

Después de la ejecución de Esteban, empezó un período de persecución contra la iglesia. Al final de la historia de Esteban, el lector de Hechos conoce a Saulo, el personaje principal del libro. Saulo y otros enemigos del cristianismo intentaron eliminar el mensaje de Jesucristo al perseguir a los primeros creyentes.

Sin embargo, en vez de impedir el mensaje, esa persecución esparció a los creyentes e hizo que el mensaje de Dios se difundiera aún más. Esos creyentes confiaron en que el Espíritu Santo los ayudaría cada día para ser valientes y compartir el mensaje de Dios dondequiera que fueran.

PALABRAS RELACIONADAS CON NUESTRA FE

Blasfemia — El acto de hablar de Dios en forma impropia. La gente a menudo acusó a Jesús de hablar blasfemias.

Profeta — Alguien a quien Dios ha escogido para recibir y transmitir sus mensajes.

Sinagoga — La palabra significa "asamblea", y en la Biblia se refiere a un lugar de oración de los judíos.

Persecución — Maltrato físico, burlas o sufrimiento que una persona experimenta por parte de otros debido a lo que cree.

Prejuicio — Una idea preconcebida o predisposición hacia miembros de cierto grupo. perdón — El acto de liberar a alguien de un castigo que merece.

ACTIVIDAD DE APERTURA

Para esta actividad necesitará lo siguiente:

• Varitas fosforescentes o luminosas, linternas pequeñas o velas Durante el estudio entregue a cada alumno una varita luminosa, linterna o vela. Pida a los niños que se paren en fila. Apague la luz y pida al primer niño que produzca una luz (rompiendo la varita, encendiendo la linterna o la vela). Luego pida al siguiente niño que haga lo mismo. Continúe con la fila hasta crear una cadena de luces.

Pregunte: ¿Cómo estaba el salón antes de encender las luces? ¿Qué sucede a medida que más personas encienden sus luces? ¿Cómo ilustra esto lo que pasa en el mundo a medida que la gente escucha acerca del evangelio?

Diga: Así como juntos creamos una cadena de luces, los discípulos necesitaban ayuda para cuidar de los creyentes y difundir la luz de las buenas nuevas acerca de Jesús. ¿Qué hicieron ellos para conseguir la ayuda que necesitaban?

LECCIÓN BÍBLICA

1. Su mesero por hoy será... (6:1-7)

Cuando leemos 4:32-35, vemos que la comunidad en Jerusalén vivía en un tipo de comuna. Los bienes económicos de los miembros iban a un fondo común y el dinero se distribuía según la necesidad de cada uno.

Conforme creció la comunidad, este sistema se volvió complicado. Los apóstoles, sin duda, tenían dificultades para estar al día con el trabajo diario de la distribución además de sus tareas de predicar, enseñar y dirigir al grupo. (Especialmente desde que los estaban arrestando y metiendo en la cárcel de manera regular).

Aunque la comunidad hasta ahora se componía enteramente de judíos, había dos grupos diferentes representados. Un grupo era el de los "judíos de habla aramea"; es decir los que habían vivido en Israel toda su vida. El otro grupo eran los "judíos griegos", los extranjeros, y algunos de ellos seguramente habían ido a Jerusalén a la celebración del Pentecostés y se habían convertido al cristianismo y se habían quedado en Jerusalén para ser parte de la comunidad cristiana.

Estos judíos griegos empezaron a sentir que la distribución de los bienes, especialmente la comida, no estaba siendo equitativa con los judíos de habla aramea. Se quejaron de favoritismo.

Esta queja causó que los apóstoles abrieran un nuevo trabajo en la comunidad.

Pida a los niños que hagan un listado de los requisitos para elegir a los encargados de servir a las mesas.

2. El arresto de Esteban (6:8-15)

En cuanto estos siete hombres fueron nombrados para ocuparse de la administración diaria de la comunidad, el primero de ellos, Esteban, fue arrestado. El privilegio de ser arrestado no se limitaba solamente a los apóstoles. Los laicos como Esteban también estaban en riesgo.

Pida a los niños que lean el pasaje y que respondan las siguientes preguntas:

1. ¿Qué nos dice el versículo 8 sobre Esteban?

2. ¿Cuáles fueron las acusaciones contra Esteban?

3. En el calor del interrogatorio en el Consejo nos podemos imaginar cómo subía la tensión. Pero, ¿cuál fue la reacción de Esteban ante el juicio? (v. 15)

3. ¡Ese hombre sí que sabe predicar! (7:1-53)

Cuando se le pidió a Esteban que contestara a las acusaciones en su contra, no sólo contestó: predicó. Este sermón es el más largo en el libro de los Hechos. Esteban tenía tres temas principales:

• Los héroes de los judíos eran hombres que no temían obedecer el llamado de Dios, inclusive si esto significaba empacar y mudarse de casa.

• La nación judía había adorado a Dios mucho antes, cuando ni siquiera había un templo.

• Cuando los dirigentes judíos causaron la crucifixión de Jesús estaban siguiendo un patrón histórico de persecución y destrucción de los profetas.

Lea junto con los niños el sermón de Esteban despacio, ya que contiene muchas ideas importantes. Luego respondan estas preguntas:

1. En el recuento de Estaban de la historia judía hace referencia a muchas historias que pueden serte conocidas. ¿Hay alguna en particular que consideres especial?

2. El versículo 48 dice, "el Altísimo no habita en casas construidas por manos humanas". Escribe esa idea en tus propias palabras.

4. El primer mártir (7:54-8:3)

Los oyentes de Esteban "rechinaban los dientes" por la ira (v. 54). Estaban tan enojados con Esteban que, de hecho, lo arrastraron fuera de la ciudad y lo apedrearon, convirtiéndolo en el primer mártir cristiano en morir por su fe.

La Biblia nos cuenta la historia de un día en la vida de Esteban. Un día y nada más. Pero ese día fue el último de su vida. Si hoy fuera el único día de tu vida que se escribiría en la historia, ¿qué se escribiría de ti?

Te diste cuenta que hubo un testigo especial de la muerte de Esteban, ¿quién era?

ACTIVIDADES SUGERIDAS

*Continúen con el glosario de palabras relacionadas a nuestra fe.

*Añada al listado, los personajes, lugares y objetos que aparecen en esta lección.

*Realice los juegos que tienen relación con esta lección, Ayuda a los misioneros.

PREGUNTAS

CAPITULO 6-8:3

1. ¿Quiénes dijeron, no es correcto que descuidemos el ministerio de la Palabra por servir a las mesas? (6:1-2)
   R/ los doce a la multitud de los discípulos.

2. ¿A qué hombres eligieron para servir a las mesas? (6:5)
   R/ Esteban, Felipe, Prócoro, Nicanor, Timón, Parmenas y Nicolás.

3. ¿Quién estaba lleno de gracia y de poder? (6:8)
   R/ Esteban.

4. De acuerdo a Hechos 6:13, ¿Qué testificaban los falsos testigos?
   R/ este hombre no deja de hablar contra este lugar santo y contra la ley.

5. ¿Qué vio Esteban cuando fijó la mirada en el cielo? (7:55)
   R/ vio la gloria de Dios, y a Jesús de pie a la derecha de Dios.

6. ¿Qué decía Esteban en su oración, mientras lo apedreaban? (7:59)
   R/ Señor Jesús, recibe mi espíritu.

7. Cuando Esteban cayó de rodillas ¿Qué gritó? (7:60)
   R/ Señor, no les tomes en cuenta este pecado.

8. ¿Quién estaba allí aprobando la muerte de Esteban? (8:1)
   R/ Saulo.

9. ¿Quiénes sepultaron a Esteban? (8:2)
   R/ unos hombres piadosos.

FELIPE EN EL CAMINO

Lección 5

PASAJE BÍBLICO: Hechos 8:4-40

VERSÍCULO CLAVE: "Los que se habían dispersado predicaban la palabra por dondequiera que iban. Felipe bajó a una ciudad de Samaria y les anunciaba al Mesías." (Hechos 8:4-5)

OBJETIVOS DE ENSEÑANZA Ayudar a los niños a:

1. Entender que Dios nos ayuda a comprender su Palabra para que podamos tener una relación con él.

2. Compartir a Cristo con mis amigos.

COMENTARIO BÍBLICO

Después que la iglesia se esparció, los creyentes predicaban dondequiera que iban.

Felipe fue uno de los primeros creyentes que salieron de Jerusalén debido a la persecución. Él fue a Samaria y predicó sobre el reino de Dios. Por su obediencia, muchos creyeron y fueron bautizados, incluso un hechicero llamado Simón.

Gracias al trabajo fiel de Felipe, Pedro y Juan fueron desde Jerusalén para orar por los nuevos creyentes. Los apóstoles les impusieron las manos y ellos recibieron el Espíritu Santo. Al ver esto Simón, quiso comprar el poder para dar el Espíritu Santo a la gente. Como Ananías y Safira, esta historia nos habla de un creyente que pecó, y cómo los apóstoles corrigieron la situación rápidamente.

Pedro reprendió a Simón porque le impresionó más la muestra de poder que el deseo de que otros fuesen salvos. Quería controlar al Espíritu de Dios para seguir siendo una persona poderosa. Pedro dijo que el corazón de Simón no era recto ante Dios y que debía arrepentirse de su maldad. Simón reconoció la autoridad de Pedro y le pidió que orara por él. No se dice claramente si Pedro lo hizo o si se arrepintió Simón de su pecado. El arrepentimiento implica un cambio de pensamiento, intenciones y acciones: es apartarse de los deseos egoístas y volverse a Dios.

Después, el Espíritu dirigió a Felipe a hablar con un eunuco etíope. Según Deuteronomio 23:1, a un eunuco no se le permitía entrar en el templo. Aun así, éste era un hombre devoto y fue a Jerusalén para adorar. Estaba de regreso a su casa cuando se encontró con Felipe. Éste le explicó que Jesús era el Cristo. Estas nuevas sobre Jesús ayudaron al etíope a entender mejor el mensaje del amor de Dios. Esta revelación cambió su vida. Felipe bautizó al etíope.

PALABRAS RELACIONADAS CON NUESTRA FE

Mago o hechicero — Una persona que practica magia negra, o que usa encantamientos o maleficios para obtener poderes sobrenaturales mediante espíritus malignos. Simón era un mago o hechicero que alardeaba de su poder en vez del poder de Dios.

Pecar — Desobedecer a Dios. Pecar es poner la voluntad propia por encima de la voluntad de Dios. Pecado puede referirse a la condición espiritual o acción de una persona.

Eunuco — Un hombre que no puede tener hijos. Los eunucos a menudo eran miembros de la corte real.

ACTIVIDAD DE APERTURA

Antes de la clase, pida la ayuda de un adulto a quien le guste hacer cosas graciosas que hagan reír a los niños. Durante la clase, anime a los niños a jugar "Sigan al líder".

El líder realizará una acción (brincar repetidamente, saltar en un pie, doblarse las orejas, etc.). Los niños imitarán lo que haga el líder. Después de unos segundos, el líder cambiará de acción y los alumnos deberán hacer exactamente lo mismo. La duración del juego dependerá del tiempo que tengan disponible.

Diga: La lección bíblica de hoy es acerca de Felipe. Saulo buscaba a los cristianos para arrestarlos. Iba de casa en casa para encontrarlos. Como los cristianos ya no estaban a salvo en Jerusalén, se fueron en distintas direcciones. Cuando Felipe se fue de Jerusalén, él siguió a su líder: Dios. El Espíritu de Dios lo guio a Samaria y al desierto. En la lección de hoy aprenderemos más de lo que hizo Felipe cuando siguió a su líder.

LECCIÓN BÍBLICA

1. El evangelio llega a Samaria (8:4-25)

Antes de que estudies este pasaje, regresa y lee de nuevo 8:1-3. Ahí leemos que "Aquel día se desató una gran persecución contra la iglesia en Jerusalén, y todos, excepto los apóstoles, se dispersaron por las regiones de Judea y Samaria".
Uno de los cristianos dispersos fue Felipe, el diácono que conocimos en 6:5. Fue a Samaria, un país al norte de Jerusalén poblado por personas de origen judío pero que se habían casado con paganos. Los judíos los odiaban y cuando viajaban solían rodear miles de kilómetros simplemente para no pasar por Samaria.

Pida a los niños que identifiquen Samaria en el mapa.

Date cuenta que el Espíritu Santo aún no se había dese en muchos lugares. Qué hicieron Pedro y Juan en los v. 15-17.

2. Evangelismo cara a cara (8:26-40)

Después de la evangelización masiva de Felipe en Samaria, el Señor le dio instrucciones de ir "a caminar". En el camino se encontró con un etíope, un africano encargado del tesoro oficial en casa. Bajo la dirección del Espíritu Santo, Felipe jugó un papel clave en la conversión de este hombre.

Lea junto con los niños este pasaje y luego respondan las siguientes preguntas:

1. De acuerdo con Lucas, el ángel le dijo a Felipe que caminara, no le dijo para qué. ¿Cómo te sientes con respecto a la fe ciega de Felipe?
2. El etíope era o un judío converso o un estudiante del judaísmo, porque había ido a Jerusalén a adorar y estaba leyendo el libro de Isaías cuando Felipe lo encontró (v. 27-28). ¿Crees que el Señor ya había preparado su corazón para recibir el testimonio de Felipe?
3. En el pasaje, el etíope está leyendo Isaías 53. Toma unos momentos para leer ese capítulo en el

Antiguo Testamento. Resúmelo en una o dos oraciones.
4. ¿Qué crees que es más importante el evangelismo masivo, como el que hizo Felipe en Samaria (v. 4-8) o el personal, cara a cara, como lo que hizo Felipe con el etíope?

ACTIVIDADES SUGERIDAS

*Continúen con el glosario de palabras relacionadas a nuestra fe.

*Añada al listado, los personajes, lugares y objetos que aparecen en esta lección.

*Realice los juegos que tienen relación con esta lección, ¿Cómo lo imaginas?, títere, acróstico, banderas.

PREGUNTAS

CAPITULO 8

1. ¿Qué hacía Felipe en la ciudad de Samaria? (8:5)
   R/ anunciaba al Mesías.

2. ¿Quién estaba siempre con Felipe? (8:13)
   R/ Simón.

3. ¿Quiénes oraron por los de Samaria para que revivieran el Espíritu Santo? (8:15)
   R/ Pedro y Juan.

4. De acuerdo a hechos 8:20 ¿Qué pensó Simón?
   R/ que el don de Dios se obtenía con Dinero.

5. ¿Qué hacía el etíope cuando Felipe se acercó a él? (8:28)
   R/ estaba leyendo el libro del profeta Isaías.

6. ¿Qué le dijo el Espíritu a Felipe? (8:29)
   R/ "acércate y júntate a ese carro"

7. ¿Qué cosas sucedieron después de que Felipe bautizó al etíope? (8:5)
   *el Espíritu se llevó de repente a Felipe
   *el etíope siguió alegre su camino.

SAULO ES TRANSFORMADO

Lección 6

PASAJE BÍBLICO: Hechos 9:1-31

VERSÍCULO CLAVE: ¡Ve! —insistió el Señor—, porque ese hombre es mi instrumento escogido para dar a conocer mi nombre tanto a las naciones y a sus reyes como al pueblo de Israel. (Hechos 9:15)

OBJETIVOS DE ENSEÑANZA Ayudar a los niños a:

1. Saber que Dios transforma lo que somos y nuestra manera de vivir.

2. Dios nos capacita para ser sus instrumentos.

COMENTARIO BÍBLICO

La historia de la transformación de Saulo es una de las muchas conversiones dramáticas en Hechos. No todos tienen este tipo de experiencia, pero el relato nos hace recordar que Dios usa multitud de métodos para alcanzar a la gente.

La conversión de Saulo ocurrió después de su encuentro personal con el Cristo resucitado. Tras su conversión, Saulo fue parte de la misma comunidad de creyentes que había perseguido. Ananías y la mayoría de los creyentes en Damasco sabían quién era él y le temían. Sin embargo, el Señor usó a Ananías para sanar a Saulo y recibirlo en la comunidad de creyentes. Bernabé animó a los otros discípulos para que aceptasen a Saulo, y él llegó a ser su amigo y lo apoyó en su ministerio.

Debido al pasado estilo de vida de Saulo, Dios pudo usarlo en formas únicas para proclamar el evangelio a los judíos y, después, a los gentiles.

Saulo sufrió persecución porque rehusó ceder a la presión de los adversarios de Cristo. Los que no aceptaban a Jesús como Señor y Cristo también rechazaban el testimonio de Saulo. Es común que los seguidores de Jesús experimenten oposición, ya que los que desean ocupar puestos de poder desprecian a Jesús y su mensaje. Aunque Saulo tuvo una experiencia dramática de conversión, no cesó de crecer cómo discípulo de Cristo. Su crecimiento continuó a lo largo de su vida. Cada día aprendía más sobre la persona que Dios quería que fuese. A medida que otros creyentes le enseñaban más sobre Jesús, crecía su pasión para proclamar la fe a toda la humanidad. Antes, él causaba temor y muerte a la gente, pero, después de conocer a Jesús, proclamaba esperanza y vida.

Como cristianos, Dios pide que realicemos muchas de las tareas que hicieron los primeros creyentes. Ananías y Bernabé nos enseñan a animarnos unos a otros a pesar de los temores. Saulo nos enseña a proclamar esperanza y luz a quienes viven en temor y tinieblas. Como muchos de los primeros creyentes, a los que nunca se les nombra en Hechos, aprendemos que nuestra tarea es ser fieles testigos de la obra continua de Cristo.

PALABRAS RELACIONADAS CON NUESTRA FE

Fe — Confianza en Dios que lleva a la gente a creer en lo que Él ha dicho, depender de Él y obedecerle. La fe es confianza en acción.

Saulo — Conocido también como Saulo de Tarso, Saulo fue un ciudadano romano que dedicó parte de su vida a perseguir a los cristianos. Tras convertirse al cristianismo, llegó a ser un líder prominente de la iglesia primitiva. Después de su conversión se le llamó Pablo.

Gentiles — Los que no son judíos.

Iglesia — La gente que conoce y ama a Dios y a su Hijo, Jesús. La iglesia son todos los creyentes en todas partes. La "iglesia primitiva" es un término que se refiere a los primeros creyentes, contemporáneos de Pablo.

el Camino — La fe cristiana. Al principio no se usó la palabra "cristianos" para describir a quienes creían en Jesús. Los primeros cristianos se llamaban a sí mismos "seguidores del Camino". En Juan 14:6, Jesús dice que Él es "el camino".

ACTIVIDAD DE APERTURA

Para esta actividad necesitará lo siguiente:

• Pedazos de papel (uno para cada niño)

• Lapicero (bolígrafo) o lápiz Antes de la clase, escriba las palabras de Hechos 9:15 en pedazos de papel. Prepare suficientes para todos los alumnos. Repártales los versículos.

Diga: Dios tiene poder para cambiar la vida de una persona. En la lección de hoy, aprenderemos de un hombre que cambió completamente. Este versículo de la Biblia nos habla de ese cambio.

Lean Hechos 9:15. Dialoguen del significado de cada palabra o frase que los niños no conozcan.

Pida a los niños que se dividan en grupos de dos para que se ayuden el uno al otro a memorizar el versículo. Indíqueles que se turnen para leer una palabra del versículo. El primer niño lee la primera palabra, luego el otro lee la segunda. El primero lee la tercera palabra y el otro lee la cuarta. Continúen hasta que los niños puedan decir todo el versículo sin mirar el papel.

Diga: En la lección de hoy, Saulo cambió sus ideas y creencias acerca de Jesús. Pueden llevar a sus casas el papel con el versículo y enseñárselo a alguien más.

LECCIÓN BÍBLICA

1. Quitarle las manchas al tigre (9:1-19a)

Seguro te acuerdas de Saulo. Lo conocimos en la lapidación de Esteban: los asesinos de Esteban "le encargaron sus mantos a un joven llamado Saulo" (7:58); "Y Saulo estaba ahí aprobando la muerte de Esteban" (8:1). Luego leemos que Saulo "causaba estragos en la iglesia: entrando de casa en casa, arrastraba a hombres y mujeres y los metía en la cárcel" (8:3).

En este pasaje leemos que Saulo estaba "respirando aún amenazas de muerte contra los discípulos del Señor" (v. 1).

*Elija a uno de los niños y véndele los ojos, luego de unos minutos, quítele el vendaje y pregúntele qué sintió; esto es para ayudar a los niños a comprender lo que pasó Saulo. Luego respondan las siguientes preguntas:

1. En el v. 15 qué dijo Dios que es Saulo.

2. Y en el v. 17 qué hizo Ananías con Saulo.

Es importante que recalque a los niños la importancia del Espíritu Santo.

2. El cazador cazado (9:19b-31)

Después de su conversión, Saulo no desperdició el tiempo: "y en seguida se dedicó a predicar en las sinagogas, afirmando que Jesús es el Hijo de Dios" (v. 20). Este hombre que había sido el terror de los cristianos ahora era su defensor.

Pero lo que Saulo había hecho con los cristianos en su vida anterior tuvo consecuencias.

*Lean Lucas 9:18-27 y luego contesten estas preguntas:

1. ¿Qué crees que pensaban de Saulo los cristianos en Damasco?

2. Después del escape de Damasco, Saulo viajó a Jerusalén. ¿Qué encontró allá? (v. 26)

ACTIVIDADES SUGERIDAS

*Continúen con el glosario de palabras relacionadas a nuestra fe.

*Añada al listado, los personajes, lugares y objetos que aparecen en esta lección.

*Realice los juegos que tienen relación con esta lección, Crucigrama, rompecabezas.

PREGUNTAS

CAPITULO 9:1-31

1. ¿Quién respiraba amenazas de muerte contra los discípulos del Señor? (9:1)
   R/ Saulo.

2. ¿Qué le dijo Jesús a Saulo? (9:4-5)
   R/ Saulo, Saulo, ¿por qué me persigues?

3. ¿Cómo estuvo Saulo durante tres días? (9:9)
   R/ ciego, sin comer ni beber nada.

4. De acuerdo con Hechos 9:10, ¿A quién le habló el Señor en visión?
   R/ a Ananías.

5. ¿Dónde estuvo Saulo por algunos días con los discípulos? (9:19)
   R/ en Damasco.

6. ¿A quiénes le describió Saulo a detalle lo que le había sucedido? (9:27)
   R/ a los apóstoles.

7. ¿Quiénes se proponían eliminar a Saulo? (9:29)
   R/ los judíos de habla griega.

8. ¿Qué sucedía mientras tanto en la iglesia de Judea, Galilea y Samaria? (9:31)
   *Disfrutaba de paz
   *Vivía en el temor del Señor
   *Crecía en número, fortalecida por el Espíritu Santo.

COMER O NO COMER

Lección 7

PASAJE BÍBLICO: Hechos 9:32 - 10:1-23

VERSÍCULO CLAVE: Él y toda su familia eran devotos y temerosos de Dios. Realizaba muchas obras de beneficencia para el pueblo de Israel y oraba a Dios constantemente (Hechos 10:2)

OBJETIVOS DE ENSEÑANZA Ayudar a los niños a:

1. Saber que Dios puede cambiar nuestra manera de pensar.

COMENTARIO BÍBLICO

Algunas veces Dios usó visiones para revelar su voluntad y propósito. En esta historia hay dos visiones.

Cornelio era un soldado gentil que vivía en Cesárea. Hechos dice que era "piadoso y temeroso de Dios con toda su casa" (10:1). Era un hombre con autoridad, cuya devoción a Dios era evidente en sus actos de generosidad y oraciones fieles.

Los primeros creyentes oraban tres veces al día (a las nueve de la mañana, al mediodía y a las tres de la tarde). Así que no es de sorprender que Cornelio estuviese orando. Durante su tiempo de oración, vio un ángel de Dios quien le dijo que mandara llamar a Pedro. El relato no nos dice si Cornelio dudó ante esa petición, pero él sabía que a los judíos no se les permitía entrar en la casa de un gentil. Sin embargo, Cornelio obedeció fielmente a Dios.

En la siguiente parte del relato, Pedro también tuvo una visión. En Jope, vio un lienzo que descendía del cielo, con toda clase de animales en él: inmundos y limpios. En base a la ley judía, Pedro sabía que no le estaba permitido comer nada que se considerara inmundo. No obstante, en esta visión Dios le dijo a Pedro: "Lo que Dios limpió, no lo llames tú común" (10:15). Pedro no entendió lo que significaba la visión, pero muy pronto lo sabría.

Los hombres que Cornelio había mandado, llegaron. Debido a la visión, Pedro hizo dos cosas que la ley judía no permitía; invitó a los hombres a que pasaran esa noche en su casa, y el siguiente día fue a la casa de Cornelio. Dios estaba derribando las barreras culturales que separaban a judíos y gentiles.

El Espíritu Santo trabajó simultáneamente en las vidas de Cornelio y Pedro para propagar el mensaje de Dios a más personas. Puesto que ambos fueron obedientes y receptivos a nuevas ideas, muchos creyeron en Dios.

PALABRAS RELACIONADAS CON NUESTRA FE

Justo — El que está en buena relación con Dios y le obedece debido a esa relación. Ser justo es ser como Cristo en pensamientos, palabras y acciones.

Ley de Moisés — Las reglas que Dios dio a Moisés para enseñar al pueblo de Israel cómo vivir. A veces a la ley de Moisés se le llama simplemente la ley. Estas reglas se encuentran en los cinco primeros libros del Antiguo Testamento.

ACTIVIDAD DE APERTURA

Para esta actividad necesitará lo siguiente:

- Pedazos de papel (uno para cada alumno)
- Lapicero (bolígrafo) o lápiz
- Una sábana, una tela grande o un papel grande
- Papel para hacer un letrero pequeño.

Antes de la clase, en algunos pedazos de papel escriba "judío" y en otros escriba "gentil". Entregue un pedazo de papel a cada niño. Procure tener igual número de ambas palabras. En otro pedazo de papel escriba "Cornelio". Coloque una sábana, una tela o papel grande sobre el piso. En otro papel escriba las palabras "Reino de Dios". Ponga este letrero en el centro de la tela.

Diga: Los judíos eran personas que creían en Dios y seguían las leyes judías. Los judíos se consideraban el pueblo de Dios y parte del reino de Dios. Todo aquel que no era judío, era gentil.

Entregue los papeles a los niños. Señale la tela y el letrero.

Diga: Quiero que todos los que tengan la palabra "judío" se paren sobre esta tela. En el tiempo del Nuevo Testamento, había gentiles que sabían acerca de Dios, seguían sus leyes y oraban a Él cada día. Cornelio era uno de ellos. Pida a la persona que tiene el papel con el nombre de Cornelio que se pare sobre la tela.

Diga: En la lección de hoy, aprenderemos cómo Dios obró por medio de Cornelio para que Pedro aprendiese una importante lección. Guarden sus papeles. Al final de la lección veremos cómo los gentiles llegaron a ser parte del reino de Dios. Entonces todos podrán unirse al "Reino de Dios" sobre la tela.

LECCIÓN BÍBLICA

1. La Iglesia se sigue extendiendo (9:32-43)

Cuando los cristianos se dispersaron por las regiones de Judea y Samaria (8:1), los apóstoles se quedaron en Jerusalén. Pero no por mucho tiempo. La Iglesia estaba creciendo rápidamente en Judea y Samaria y necesitaba la ayuda y supervisión de los apóstoles.

En el primer pasaje encontramos a Pedro en Lida, un pueblo cercano a la costa de Judea en el Mar Mediterráneo, donde sanó a Eneas, un paralítico confinado a su cama. Después Pedro se va a Jope, donde ocurre un milagro más grande todavía.

Lee 9:32-43 y contesta estas preguntas:
1. Fíjate en las palabras de Pedro en la sanidad de Eneas (v. 34). ¿A quién le dio Pedro el crédito del milagro?

2. Algunos han especulado que Dorcas no estaba muerta, sino en coma (muy enferma). Dicen que el milagro fue la capacidad de Pedro de diagnosticar el coma y sacarla de él. ¿Tú qué crees?

3. Si Pedro, como agente del Espíritu Santo, pudo levantar a Dorcas de la muerte, ¿no podía también resucitar a Esteban? ¿Por qué crees que no lo hizo?

2. Comer o no comer (10:1-23)

A veces tratamos que los otros sean como nosotros. Pero ese objetivo no es bueno. Podemos amar y valorar a una persona porque fue creada por Dios. Un mejor objetivo para nosotros es querer ser como Cristo. Los creyentes tal vez sean muy distintos en apariencia y cultura. Pero, estos mismos creyentes pueden encontrar que tienen actitudes y acciones en común cuando son guiados por el Espíritu Santo.

Pide a los niños que lean el pasaje y respondan a las siguientes preguntas:
1. En su opinión, ¿por qué el ángel le dijo a Cornelio que enviara hombres para pedirle a Pedro que fuese a su casa?

2. ¿Por qué se preocupó Pedro cuando la voz le dijo que matara y comiera los animales que veía en el lienzo?

3. ¿Cómo sería el mundo si todos fuéramos iguales? ¿Si todo fuera de un solo color o una sola forma? ¿O si hubiera sólo una clase de alimento para comer? En su opinión, ¿por qué Dios creó una variedad tal de personas?

4. ¿Cómo tratan a personas que son distintas a ustedes? ¿Cómo creen que Dios quiere que tratemos a los que son diferentes?

ACTIVIDADES SUGERIDAS

*Continúen con el glosario de palabras relacionadas a nuestra fe.

*Añada al listado, los personajes, lugares y objetos que aparecen en esta lección.

*Realice los juegos que tienen relación con esta lección, Adivinanzas, acróstico, títere, ruleta musical.

PREGUNTAS

1. ¿Cómo se llamaba el paralitico que encontró Pedro en Lida? (9:32-33)
   R/ Eneas.
2. ¿En qué se esmeraba Tabita, llamada Dorcas? (9:36)
   R/ en buenas obras y ayudar a los pobres.
3. ¿Qué le dijo Pedro a Tabita? (9:40)
   R/ "Tabita, levántate"
4. ¿Quién hacia muchas limosnas y oraba a Dios siempre? (10:2)
   R/ Cornelio.
5. ¿Dónde tiene su casa Simón el curtidor? (10:6)
   R/ junto al mar.
6. Según Hechos 10:8, ¿a dónde envió Cornelio a dos de sus criados y a un piadoso soldado?
   R/ a Jope.
7. ¿Quién subió a la azotea a orar? (10:9)
   R/ Pedro.
8. ¿Qué le dijo la voz a Pedro cuando el replicó "¡De ninguna manera, Señor!, Jamás he comido nada impuro o inmundo.? (10:14-15)
   R/ lo que Dios ha purificado, tu no lo llames inmundo.

DIOS NO TIENE FAVORITOS

Lección 8

PASAJE BÍBLICO: Hechos 10:24 – 11:26

VERSÍCULO CLAVE: Pedro tomó la palabra, y dijo: —Ahora comprendo que en realidad para Dios no hay favoritismos. (Hechos 10:34)

OBJETIVOS DE ENSEÑANZA Ayudar a los niños a:

1. Entender que la salvación de Dios está disponible para todos.

COMENTARIO BÍBLICO

La visión de Pedro de los animales limpios e inmundos fue muy misteriosa. Él confió en Dios y fue a la casa de Cornelio. Una vez más, Pedro tuvo oportunidad de predicar a una multitud. Este sermón fue diferente del que predicó en Pentecostés. No incluyó muchas citas de las escrituras judías. Más bien, Pedro habló de quién es Jesús y que Él acepta a todo el que cree en Él (10:34).

Esto era algo nuevo porque los judíos creían fervientemente que no eran como los demás. Creían que Dios los favorecía por encima del resto de la humanidad. Pedro, judío piadoso y también cristiano piadoso, predicó un mensaje nuevo: Dios no muestra favoritismo. El Espíritu de Dios interrumpió a Pedro. Estos gentiles recibieron el Espíritu Santo tal como los creyentes judíos el día de Pentecostés. Después Pedro los bautizó.

Gracias a la visión que Dios le mostró, Pedro comenzó a entender que la salvación de Dios por medio de Cristo es para todos. Pedro escribió de esto en sus cartas, 1 y 2 Pedro. Dios le reveló sus deseos, y Pedro tuvo la valentía para aceptar lo que había escuchado y decírselo a otros.

Dios tenía una misión creciente que realizar. Comenzó en Jerusalén, pero Dios quería propagar las buenas nuevas sobre Jesús hasta lo último de la tierra. Mediante el poder del Espíritu Santo, Dios ayudó a Pedro a entender esta misión. Los gentiles, que antes eran extranjeros, eran invitados a participar de las bendiciones de Israel.

La misión a los gentiles continuó cuando Bernabé visitó la iglesia en Antioquía. Bernabé invitó a Saulo a ir con él para enseñar a esos nuevos creyentes lo que significaba seguir a Jesús. Ellos permanecieron en Antioquía por un año, y los creyentes allí fueron los primeros que fueron llamados cristianos.

PALABRAS RELACIONADAS CON NUESTRA FE

Cristiano — Aquel que renuncia al pecado, acepta a Jesucristo como Salvador y Señor y le obedece. A esta experiencia también se le llama "nacer de nuevo".

ACTIVIDAD DE APERTURA

Para esta actividad necesitará lo siguiente:
• 10-12 pedazos de papel en dos colores (si no tiene papeles de color, dibuje un asterisco en la parte de atrás de uno de los grupos de papeles).
• Lapicero (bolígrafo) o lápiz   Antes de la clase, divida las palabras de Hechos 10:34-35 en frases cortas.

Escriba una frase en cada pedazo de papel. Haga dos grupos de papeles: uno de cada color. Oculte los papeles en distintos lugares del salón.

En la clase, divida a los niños en dos equipos. Diga: El versículo para memorizar de hoy es Hechos 10:34-35. Lea el versículo, luego diga a los equipos que las palabras del versículo están en papeles escondidos en el salón. Indique a los equipos que busquen en el salón, pero que sólo tomen los papeles del color de su equipo. Cuando encuentren todos los pedazos, deben poner las frases en el orden correcto. Después pida que cada equipo repita los versículos tres veces.

Diga: Estos versículos nos enseñan una lección importante que Pedro tuvo que aprender. Cambiaron la idea de Pedro sobre quiénes podían ser seguidores de Jesús. Hasta ese tiempo, los discípulos predicaban sólo a los judíos. Después, los discípulos llevaron el evangelio a los gentiles.

LECCIÓN BÍBLICA

1. El Espíritu Santo y los gentiles (10:24-48)

Narre a los niños la historia contenida en este pasaje y luego analicen con los niños:

1. ¿Cuáles fueron los puntos principales del mensaje de Pedro a la familia y los amigos de Cornelio?

2. Comparen lo que sucedió a los gentiles en esta historia (10:44-46) y lo que sucedió a los judíos el día de Pentecostés (2:1-4).

3. ¿Por qué los creyentes judíos que fueron con Pedro quedaron atónitos cuando el Espíritu Santo fue derramado sobre los gentiles?

4. ¿Qué clase de hombre era Bernabé? ¿Conocen a personas hoy que son como Bernabé?

Diga: En Antioquía, Bernabé y Saulo continuaron reuniéndose con la gente y enseñándoles. Fue allí donde a los creyentes los llamaron cristianos por primera vez. La gente reconocía que éstos eran diferentes porque seguían a Cristo. Piensen un momento en su identidad. La gente debería poder reconocernos como seguidores de Cristo en la misma forma en que identificaban a esos primeros creyentes.

2. Pedro convence a los líderes de la Iglesia (11:1-18)

Lo que había pasado en Cesárea fue tan importante que las noticias llegaron a Jerusalén antes que Pedro. De hecho, para cuando Pedro llegó a casa, los líderes judíos ya estaban furiosos. Simplemente entrar a casa de un gentil y comer con él era una violación a la Ley. Pedro tendría que responder por sus acciones. ¡Y vaya que respondió!

Pida a los niños que lean la defensa de Pedro en 11:1-18 y luego contesten lo siguiente:

1. ¿Por qué crees que Lucas cuenta de nuevo la historia que ya leímos?

2. El punto central del argumento de Pedro está en el versículo 17. Lee este versículo de nuevo y escríbelo en tus propias palabras:

ACTIVIDADES SUGERIDAS

*Continúen con el glosario de palabras relacionadas a nuestra fe.

*Añada al listado, los personajes, lugares y objetos que aparecen en esta lección.

*Realice los juegos que tienen relación con esta lección, Adivinanzas.

* Realice una entrevista a Pedro. Pida a un adulto que represente a Pedro y responda preguntas sobre las actividades de Pedro en esta lección bíblica. Permita que los niños sean los reporteros que pregunten a Pedro sobre sus actividades y pensamientos. Si es posible, provea una lista de preguntas al adulto antes de la clase. Dé las preguntas a los niños durante la clase. Si hay tiempo, permita que los niños hagan sus propias preguntas.

PREGUNTAS

1. ¿Qué hizo Cornelio cuando Pedro llegó a la casa? (10:25)
   R/ Salió a recibirlo y postrándose delante de él, le rindió homenaje.

2. ¿Quién no tiene favoritismos? (10:34)
   R/ Dios.

3. De acuerdo a Hechos 10:44 ¿Qué sucedió mientras Pedro todavía estaba hablando?
   R/ el Espíritu Santo descendió sobre todos los que estaban escuchando el mensaje.

4. ¿Quiénes se enteraron que también los gentiles habían recibido la Palabra de Dios? (11:1)
   R/ los apóstoles y los hermanos en toda Judea.

5. ¿Quiénes criticaron a Pedro cuando subió a Jerusalén? (11:2)
   R/ los defensores de la circuncisión.

6. ¿Qué vio Pedro en lo que parecía una gran sábana? (11:6)
   R/ Cuadrúpedos, fieras, reptiles y aves.

7. De acuerdo con Hechos 11:16, ¿Qué había dicho el Señor?
   R/ "Juan bautizó con agua, pero ustedes serán bautizados con el Espíritu Santo".

8. ¿Qué les ha concedido Dios también a los gentiles? (11:18)
   R/ el arrepentimiento para vida.

EL ESCAPE DE PEDRO

Lección 9

PASAJE BÍBLICO: Hechos 12 – 13:1-12

VERSÍCULO CLAVE: Entonces Pedro volvió en sí y se dijo: «Ahora estoy completamente seguro de que el Señor ha enviado a su ángel para librarme del poder de Herodes y de todo lo que el pueblo judío esperaba». (Hechos 11:11)

OBJETIVOS DE ENSEÑANZA Ayudar a los niños a:

1. Entender que Dios siempre esta con nosotros a pesar de lo que suceda.

2. Dios responde a nuestras oraciones.

COMENTARIO BÍBLICO

Santiago 5:16 dice: "La oración eficaz del justo puede mucho". A través de todo el libro de Hechos vemos cuán cierta es esta declaración. Es especialmente evidente en las dos historias para este día, donde vemos los resultados de las oraciones de los creyentes.

Primero, Dios oyó las oraciones de los creyentes y rescató a Pedro de la cárcel en forma asombrosa. Su liberación milagrosa ocurrió justo a tiempo, porque estaba sentenciado a morir el día siguiente. Con fe la iglesia creyó y confió en el poder de Dios. Pero, aunque Pedro hubiese muerto (como Esteban), sus oraciones no hubieran sido ineficaces o insignificantes. Dios recibe honra cuando la gente muestra fe en circunstancias difíciles. Lea Hebreos 11 para ver más ejemplos.

La segunda historia está en el capítulo 13. La iglesia en Antioquía se reunió para adorar y ayunar. En ese momento, los creyentes discernieron el llamamiento del Espíritu Santo a Bernabé y Saulo para predicar el evangelio a otras naciones. Después que la iglesia recibió tal dirección, oraron por ellos y los enviaron a empezar su nueva misión. La frase "les impusieron las manos" (13:3) muestra que la iglesia los apoyó para que fuesen sus representantes.

Como creyentes llamados por Dios para hacer su obra, necesitamos las oraciones y el apoyo de otros cristianos para ser eficaces. Pedro, Saulo y Bernabé recibieron ese apoyo. Cuando oramos, demostramos confianza en el poder de Dios, aun cuando Dios muestre poder en una forma que no entendamos.

PALABRAS RELACIONADAS CON NUESTRA FE

Pascua — Fiesta judía anual que celebra la liberación que Dios dio a los israelitas de la esclavitud en Egipto. Lea Números 9:4-5 para tener más información.

Ejecutar — Dar muerte, especialmente como castigo legal.

Ayunar — Abstenerse de algo, usualmente de comida o ciertas clases de alimento, como una forma de disciplina espiritual. Los cristianos usan el tiempo de ayuno para orar y enfocarse en Dios.

Oración — Una conversación con Dios incluye tanto hablar como escuchar. Podemos orar en todo momento, en todo lugar y sobre todo asunto.

ACTIVIDAD DE APERTURA

Para esta actividad necesitará lo siguiente:

• Tiras de papel (8 por niño; aproximadamente 20 x 3 cms.)

• Cinta adhesiva o grapadora Antes de la clase, haga el modelo de una cadena de papel. Haga el primer eslabón formando un círculo y asegurándolo con cinta adhesiva o grapa. Inserte otra tira en el círculo y asegúrela. Continúe hasta tener una cadena de ocho eslabones. Éstos deben ser suficientemente grandes en diámetro para que los niños puedan introducir sus manos en el primer eslabón y el último.

En la clase, muestre su cadena a los niños. Ayúdeles a hacer sus propias cadenas.

Permita que los niños usen la cadena en sus muñecas mientras estudian el pasaje bíblico de la lección de hoy. Cuando en la historia se rompen las cadenas de Pedro, indique a los niños que rompan las de ellos.

Diga: En la lección de hoy, Pedro está en la cárcel. Está encadenado. Los soldados están allí para cuidar que no se escape. Sólo Dios podía salvar la vida de Pedro.

LECCIÓN BÍBLICA

1. ¡Pedro está en la cárcel ... otra vez! (12:1-25)

En este pasaje leemos sobre la persecución del rey Herodes a la Iglesia en Jerusalén, incluyendo el asesinato del segundo mártir del cristianismo y el arresto de Pedro.

Narre a los niños hechos 12:1-25 y pídales que contesten estas preguntas:

1. ¿Quién fue el segundo cristiano que perdió su vida por la fe? ¿Qué sabes de él?

2. Mientras Pedro estaba en la cárcel, ¿qué estaban haciendo los otros cristianos en Jerusalén? ¿Fue efectivo?

3. ¿Cuál fue la ruina de Herodes y la causa de su muerte? 4. A pesar de toda la persecución, ¿qué estaba pasando con la Iglesia (v. 24)? ¿Qué te dice esto sobre la Palabra de Dios?

2. ¡En sus marcas, listos, fuera! (13:1-12)

¿Tenía Pablo la intención de ser misionero? No lo sabemos. Pero aquí leemos que la iglesia en Antioquía, mientras oraba, recibió instrucciones del Espíritu Santo de apartar "ahora a Bernabé y a Saulo para el trabajo al que los he llamado" (v. 2). Por el orden de los nombres y por el puesto de Bernabé en la iglesia es claro que él iba a ser el líder del viaje.

Después de orar y ayunar, la iglesia de Antioquía comisionó a los misioneros y los envió.

Pida a los niños que lean sobre la primera parte de su viaje en 13:1-12 y luego contesten lo siguiente:

1. ¿Quién fue con Bernabé y Pablo como ayudante? (v. 5)

2. ¿Dónde predicaron primero los misioneros cuando llegaron a Salamina, en la isla de Chipre? ¿Qué significa esto?

3. Fíjate que en el versículo 9, primero leemos el nombre de Pablo. Era común para los judíos tener dos nombres. El primero era su nombre hebreo; el segundo era su nombre griego. Hasta ahora se ha usado el nombre hebreo "Saulo". Pero de aquí en adelante, se usará el nombre griego "Pablo". ¿Crees que este cambio de nombres signifique algo?

4. En este pasaje encontramos a dos hechiceros. Busca la palabra en un diccionario. (Y piensa en el hechicero del que leímos en 8:9-24.) ¿Por qué crees que los hechiceros se sentían tan atraídos y se oponían tanto al trabajo de la iglesia?

ACTIVIDADES SUGERIDAS

*Continúen con el glosario de palabras relacionadas a nuestra fe.

*Añada al listado, los personajes, lugares y objetos que aparecen en esta lección.

*Realice los juegos que tienen relación con esta lección, Crucigrama.

* Invite algún adulto que relate a los niños cómo Dios le respondió alguna oración.

PREGUNTAS

1. ¿A quién mandó a matar Herodes a espada? (12:2)
   R/ a Jacobo hermano de Juan.

2. ¿Qué hacía la iglesia mientras mantenían a Pedro en la cárcel? (12:5)
   R/ oraba constante y fervientemente a Dios por él.

3. ¿Cómo dormía Pedro en la cárcel? (12:6)
   R/ entre dos soldados, sujeto a dos cadenas.

4. ¿Cómo despertó el ángel a Pedro? (12:5)
   R/ con unas palmadas en el costado.

5. ¿Quién salió a responder cuando pedro llamó a la puerta de la calle? (12:13)
   R/ una sierva llamada Rode.

6. ¿Cuándo dijo el Espíritu Santo: "Apártenme a Bernabé y a Saulo para el trabajo al que los he llamado? (13:2)
   R/ mientras ayunaban y participaban en el culto del Señor.

7. ¿Quién estaba con el gobernador Sergio Paulo? (13:6-7)
   R/ un falso profeta judío llamado Barjesús.

8. ¿Qué le pasó a Elimas el mago cuando se oponía a Bernabé y a Saulo? (13:8-11)
   R/ se quedó ciego.

HASTA LOS CONFINES DE LA TIERRA

Lección 10

PASAJE BÍBLICO: Hechos 13:13 – 14:28

VERSÍCULO CLAVE: Fortaleciendo a los discípulos y animándolos a perseverar en la fe. «Es necesario pasar por muchas dificultades para entrar en el reino de Dios», les decían. (Hechos 14:22)

OBJETIVOS DE ENSEÑANZA Ayudar a los niños a:
1. Entender que seguir a Jesús a veces incluye sacrificios.

2. Tener la valentía de experimentar dificultades por causa de Cristo.

COMENTARIO BÍBLICO

Empezando en el capítulo 13 de Hechos llegamos a un punto clave en la historia de Lucas. Hasta ahora la acción se ha centrado en Jerusalén y los países aledaños a Palestina. La Iglesia Primitiva, bajo el liderazgo de Pedro había estado cumpliendo la promesa de Jesús de que serían testigos "en Jerusalén, como en toda Judea y Samaria" (1:8), principalmente con los judíos.

Ahora el centro de atención cambia. Para fines de equilibrio del libro veremos a la Iglesia extenderse hasta los confines de la tierra (1:8). También veremos cómo cambia el énfasis de la figura central de Pedro a Pablo, con un cambio correspondiente de Jerusalén como centro de la Iglesia a Antioquía, la "sede" de Pablo.

La Escritura de hoy empieza en Antioquía donde los santos, que se reunían para orar y ayunar, recibieron instrucciones del Espíritu Santo: "Apártenme ahora a Bernabé y a Saulo para el trabajo al que los he llamado" (13:2). Si estos dos cristianos tenían planeado convertirse en misioneros no lo sabemos, pero el Espíritu Santo sí tenía planes para ellos.

La iglesia en Antioquía comisionó a los misioneros y ellos partieron en lo que conocemos hoy como el primero de los tres viajes misioneros de Pablo, un viaje que duraría tres años aproximadamente.

PALABRAS RELACIONADAS CON NUESTRA FE

Lisiado – Alguien que tiene dañada alguna parte del cuerpo de forma permanente, en especial alguna de sus extremidades.

Dificultades — Situación, circunstancia u obstáculo difícil de vencer.

ACTIVIDAD DE APERTURA

Para esta actividad necesitará lo siguiente:

- Una hoja de papel para cada niño

Ayude a los niños a elaborar un barco de papel, y pida que durante la lección vayan anotando en el barco los lugares a donde llegaron Pablo y Bernabé.

Diga: Hoy aprenderemos sobre el primer viaje de Pablo y cómo él y Bernabé alentaban a los nuevos cristianos y ayudaron a que la iglesia primitiva se organizara.

LECCIÓN BÍBLICA

1. Otra Antioquía, otro sermón (13:13-52)

De Chipre, los misioneros navegaron a Perge, en la costa de lo que hoy se conoce como Turquía. De ahí viajaron tierra adentro a Antioquía de Pisidia. Esta no es la misma Antioquía donde iniciaron su viaje y donde estaba su sede. Antioquía de Pisidia estaba a 1,100 metros sobre el nivel del mar y para hacer este viaje tuvieron que atravesar los Montes Tauro por uno de los caminos más difíciles de toda Asia Menor, un camino conocido porque había muchos asaltantes. Aquí Juan Marcos los deja para regresarse a casa. Recuerda este incidente, hablaremos de él más tarde.

El sermón de Pablo en Antioquía es el único que Lucas escribe completo en Hechos. Después del sermón algo ocurrió que influenció el resto del ministerio de Pablo.

Pida a los niños que lean este pasaje y que resuman el sermón de Pablo en las tres ideas más importantes.

2. Los misioneros viajan tierra adentro (14:1-20)

En Antioquía, su parada anterior, Pablo y Bernabé fueron perseguidos y los echaron de ahí (13:50), así que viajaron tierra adentro hacia Iconio. Como era su costumbre, primero hablaron en la sinagoga. El éxito de su ministerio ahí fue recibido con un complot para matarlos, así que una vez más se tuvieron que ir, esta vez a Listra y Derbe.

Pida a los niños que lean 14:1-20 y que contesten las preguntas:

1. En Listra, Pablo sanó a un lisiado. ¿Por qué Pablo distinguió a este hombre por encima de los demás? (v. 9)

2. ¿Cómo respondió la multitud ante la sanidad de este hombre? (vv. 11-13)

3. En los versículos 15-17 tenemos el primer mensaje de Pablo a una audiencia totalmente pagana. ¿En qué difiere de su sermón previo y de los otros que hemos leído en Hechos?

4. Una vez más, Pablo fue perseguido, esta vez lo apedrearon fuertemente. ¿Quiénes instigaron esta persecución (13:50; 14:2, 19)? ¿Por qué crees que estaban en contra del ministerio de Pablo?

3. De vuelta a casa (14:21-28)

Tras una parada en Derbe, Pablo y Bernabé regresaron a Listra, Iconio y Antioquía antes de regresar a casa en la Antioquía en Siria.

Pida a los niños que lean este pasaje y luego respondan estas preguntas:

1. Regresar a las ciudades donde fueron perseguidos y agredidos físicamente parece descabellado. ¿Por qué lo hicieron? (vv. 22-23)

2. Los misioneros les dijeron a los recién convertidos que era "necesario pasar por muchas dificultades para entrar en el reino de Dios" (v. 22). Ciertamente, Pablo y Bernabé habían experimentado esto, pero ¿por qué decirles algo tan desalentador a los nuevos creyentes?

3. Cuando los misioneros regresaron a casa informaron sobre su viaje. Observa las palabras del versículo 27: "todo lo que Dios había hecho por medio de ellos". ¿Qué nos dice esto sobre estos dos hombres?

ACTIVIDADES SUGERIDAS

*Continúen con el glosario de palabras relacionadas a nuestra fe.

*Añada al listado, los personajes, lugares y objetos que aparecen en esta lección.

*Realice los juegos que tienen relación con esta lección, ¿Dónde estaba Pablo?, Geografía bíblica, la biblia en nuestros tiempos, dramatización.

* Ubiquen en el mapa el trayecto del viaje de Bernabé y Pablo.

PREGUNTAS

1. ¿Qué predicó Juan? (13:24)
   R/ un bautismo para arrepentimiento.

2. ¿Qué está escrito en el segundo salmo? (13:33)
   R/ "tu eres mi hijo, hoy mismo te he engendrado"

3. De acuerdo con Hechos 13:43 ¿Qué sucedió cuando se disolvió la asamblea?
   R/ muchos judíos y prosélitos fieles acompañaron a Pablo y a Bernabé.

4. De acuerdo con Hechos 13:52, ¿Cómo quedaron los discípulos?
   R/ llenos de alegría y del Espíritu Santo.

5. De acuerdo con Hechos 14:4, ¿cómo estaba dividida la gente de la ciudad?
   R/ unos estaban de parte de los judíos y otros de parte de los apóstoles.

6. ¿A quién le dijo Pablo "¡Ponte de pie y enderézate!"? (14:10)
   R/ a un hombre lisiado de nacimiento que vivía en Listra.

7. ¿Qué es necesario para entrar en el reino de Dios? (14:22)
   R/ pasar por muchas dificultades.

8. Pregunta de dos partes, ¿Qué nombraron en cada iglesia y cómo los encomendaron al Señor? (14:23)
   R/ Ancianos, y los encomendaron con oración y ayuno.

9. ¿A quiénes abrió Dios la puerta de la fe? (14:27)
   R/ a los gentiles.

LO ESENCIAL
Lección 11

PASAJE BÍBLICO: Hechos 15

VERSÍCULO CLAVE: Dios, que conoce el corazón humano, mostró que los aceptaba dándoles el Espíritu Santo, lo mismo que a nosotros. (Hechos 15:8)

OBJETIVOS DE ENSEÑANZA Ayudar a los niños a:

1. Saber qué esperan otros cristianos de nosotros.

2. Entender que en el cristianismo crecemos de maneras diferentes y debemos aceptarnos como somos y a los demás como son.

COMENTARIO BÍBLICO

Siendo nuestra cultura diferente, nos es difícil entender algunas de las leyes judías mencionadas en Hechos. Los nuevos creyentes en Antioquía no tenían trasfondo judío. Había cierta confusión sobre cuáles partes de la ley judía debían respetar todos los creyentes, sin importar su trasfondo. La carta que envió la iglesia de Jerusalén responde sus preguntas, pero plantea algunas preguntas para nosotros hoy.

• **¿Por qué eran tan importantes estas cuatro leyes?** Estas leyes refutaban las prácticas paganas comunes asociadas con el politeísmo (adoración de muchos dioses) en Antioquía. Los nuevos creyentes debían creer sólo en Jesús. Al evitar esas prácticas, los nuevos cristianos daban testimonio a otros sobre el cambio interior que Cristo estaba haciendo en ellos. Estas leyes también ayudaban a mantener la paz entre los creyentes judíos y gentiles.

• **¿Tenían que obedecer otras leyes (los Diez Mandamientos, el Sermón del Monte, etc.)?** Sí. Los gentiles todavía debían vivir según los principios morales de la ley y los Diez Mandamientos. Al principio Dios escribió la ley en tablas de piedra. Los profetas mostraron que Dios también escribió la ley en los corazones de judíos y gentiles (Jeremías 31:33). Jesús le dio nuevo significado a la ley al crear un pacto basado en la transformación interna. Esto significa que Dios primero cambia nuestros propósitos, y después nuestras acciones, cuando decidimos obedecerle en verdad. Aunque no estamos obligados a seguir las mismas leyes del Antiguo Testamento, nuestros corazones deben ser transformados por los principios morales en que se basan esas leyes. En el Sermón del Monte, Jesús enseñó a sus seguidores a obedecer a Dios de corazón, no sólo a cumplir las leyes. Los creyentes gentiles en Antioquía debían seguir tales principios. Esos requisitos les ayudaron a interiorizar la ley. También nos ayudan a entender lo que significa seguir los mandatos de Jesús, no por ser requisito sino porque amamos a Dios.

Esta lección también habla de un desacuerdo entre Pablo y Bernabé. Los cristianos tal vez alguna vez discrepen. Sin embargo, deben tratar de encontrar soluciones pacíficas. Los cristianos nunca deben permitir que sus desacuerdos interfieran con la predicación del evangelio.

PALABRAS RELACIONADAS CON NUESTRA FE

Pagano – Alguien que no cree en Dios. Algunos paganos adoran a muchos dioses. Otros no adoran a ninguno.

Sermón del Monte — El pasaje bíblico en Mateo 5-7. Es la enseñanza más extensa de Jesús registrada en la Biblia. En este sermón, Jesús describe cómo los cristianos deberían vivir en relación con Dios y con los demás.

ACTIVIDAD DE APERTURA

Para esta actividad necesitará lo siguiente:
• Papel para cada niño
• Lápiz para cada niño

Antes de la clase, prepare una lista de cinco categorías de lo que les gusta a los niños (por ejemplo: alimento, juego, libro, animal y lugar). En la clase, distribuya los papeles y lápices. Pida a los niños que escriban su objeto o animal favorito en cada categoría. Después elija dos voluntarios. Pida a cada voluntario que diga cuál es su artículo favorito en la primera categoría y que explique por qué.

Diga: Cada uno de ustedes piensa que su artículo favorito es el mejor. ¿Podría la otra persona convencerles de que están equivocados y que él o ella tiene la razón? Si no, ¿pueden estar de acuerdo en que piensan distinto sobre este tema y aún pueden ser amigos? Si es así, díganse el uno al otro:

"Estamos de acuerdo en que pensamos distinto y aún podemos ser amigos". Permita que estos voluntarios vuelvan a sus asientos y llame a otros dos. Continúen hasta que todos hayan leído sus respuestas. Anime a los voluntarios a decir: "Estamos de acuerdo en que pensamos distinto y aún podemos ser amigos".

Diga: En la lección de hoy, aprenderemos que Pablo y Bernabé tuvieron un desacuerdo. Veremos cómo lo resolvieron.

LECCIÓN BÍBLICA

1. El problema (15:1-5)
Leímos que durante el primer viaje misionero de Pablo muchos judíos, muchos gentiles temerosos de Dios (gentiles que estudiaban y adoraban con los gentiles) y muchos paganos se habían convertido al cristianismo. Aunque nosotros nos hubiéramos alegrado por este impulso evangelístico "hacia el mundo", algunos judíos cristianos en Jerusalén estaban muy enojados.

Había dos, tal vez tres, opiniones al respecto. Pablo y Bernabé obviamente creían que Dios aceptaba a los gentiles en la Iglesia tal y como eran, honrando su fe en Cristo, sin importar su estatus como gentiles. Sin embargo, algunos de los judíos cristianos en Jerusalén creían firmemente que los gentiles debían primero convertirse al judaísmo. Y de seguro había quienes estaban entre estas dos posturas, aceptando a los gentiles cristianos en la Iglesia con un tipo de membresía "asociada" o de "segunda clase" (tal vez hasta que se convirtieran al judaísmo).

La nación hebrea siempre había aceptado a los gentiles en su comunidad si hacían dos cosas: someterse a la circuncisión y vivir bajo la Ley del Antiguo Testamento. (La circuncisión es un procedimiento quirúrgico menor que se les hace a los bebés varones poco después de nacer, o en este caso, a los adultos varones. Para los judíos era un acto simbólico que indicaba su obediencia a la Ley).

2. El concilio toma una decisión (15:6-21)
Cuando los líderes de la Iglesia se reunieron con Pablo y Bernabé en Jerusalén, hubo "una larga discusión". Nos podemos imaginar que Lucas está siendo cuidadoso con sus palabras. Probablemente hubo una acalorada discusión.

Tres personas claves se dirigieron al grupo: Pedro, Pablo y Bernabé (hablando como uno solo), y Jacobo.

Pida a los niños que lean en los versículos 6-21 y luego responde lo siguiente:

1. Cuando Pedro habló, ¿a qué incidente previo hizo referencia?

2. Observa las palabras de Pedro: "Dios... escogió" (v. 7); "Dios. . . mostró" (v. 8); "sin hacer distinción" (v. 9). ¿Por qué crees que Pedro usó estas palabras?

3. ¿Cuál fue la contribución de Pablo y Bernabé a la discusión? (v.12)

4. Jacobo fue el siguiente en hablar. Este no es el hermano de Juan, uno de los primeros apóstoles. Recuerda que a aquél lo habían martirizado (12:2). Este es Jacobo, el hermano de Jesús, que se convirtió y para este tiempo se había vuelto el líder de la congregación en Jerusalén. Usó una cita del AT. Resume la cita aquí:

5. Finalmente, Jacobo estuvo de acuerdo con que los gentiles fueran admitidos en la Iglesia sin hacerse judíos primero, siempre y cuando siguieran cuatro reglas. Estos cuatro requisitos se sugirieron para que los gentiles cristianos pudieran tener comunión con los judíos cristianos sin ofenderlos o violar sus votos. ¿Cuáles eran estos cuatro requisitos?

3. ¡Escríbelo! (15:22-29)
Después de que habló Jacobo, la Iglesia decidió aceptar su postura. Para evitar malos entendidos escribieron su decisión y luego enviaron unos representantes para que explicaran el documento en persona.

*Lean los versículos y hagan un listado de los requisitos.

4. Carta recibida (15:30-35)
Por la forma amable y conservadora en que Lucas describe este incidente uno podría tener la impresión de que fue un asunto pequeño. Pero en realidad esta fue una de las crisis más grandes en la Iglesia. Si no se hubiera resuelto hubiera dividido a la Iglesia en dos partes, la gentil y la judía. Leyendo

entre líneas tenemos la idea de que todos los involucrados tuvieron mucho cuidado de tratar el asunto de manera lógica y compasiva, sin amenazas ni pronunciamientos autoritarios.

*Pida a los niños que lean estos versículos y contesten las siguientes preguntas:

1. ¿Cómo recibieron los gentiles de Antioquía la carta y a los mensajeros?

2. ¿Qué hicieron Judas y Silas, los representantes de la iglesia de Jerusalén, en Antioquía?

ACTIVIDADES SUGERIDAS

*Continúen con el glosario de palabras relacionadas a nuestra fe.

*Añada al listado, los personajes, lugares y objetos que aparecen en esta lección.

*Pida a los niños que con ayuda de sus papás lean en casa pasajes para reforzar este estudio.

PREGUNTAS

1. ¿Quiénes se pusieron a enseñar a los hermanos: "a menos que ustedes se circunciden, conforme a la tradición de Moisés, no pueden ser salvos"? (15:1)
   R/ Algunos que habían llegado de Judea a Antioquia

2. ¿Qué contaron Pablo y Bernabé al pasar por Fenicia y Samaria? (15:3)
   R/ Como se habían convertido los gentiles

3. ¿Quiénes afirmaron lo siguiente: "es necesario circuncidar a los gentiles y exigirles que obedezcan la ley de Moisés"? (15:5)
   R/ Algunos creyentes que pertenecían a la secta de los fariseos

4. ¿Quién conoce el corazón humano? (15.8)
   R/ Dios

5. ¿Quiénes tenían buena reputación entre los hermanos? (15:22)
   R/ Judas, llamado Barsabas y Silas

6. ¿Qué requisitos se mencionan en Hechos 15:29?
   R/ Abstenerse de lo sacrificado a los ídolos, de sangre, de la carne de animales estrangulados y de la inmoralidad sexual.

7. De acuerdo con Hechos 15:36 ¿Qué le dijo Pablo a Bernabé?
   R/ Volvamos a visitar a los creyentes en todas las ciudades en donde hemos anunciado la palabra del Señor, y veamos cómo están.

8. ¿Por qué a Pablo no le pareció prudente llevar a Juan Marcos? (15:38)
   R/ Porque los había abandonado en Panfilia y no había seguido con ellos en el trabajo.

PABLO EN FILIPOS
Lección 12

PASAJE BÍBLICO: Hechos 16

VERSÍCULO CLAVE: Cree en el Señor Jesús; así tú y tu familia serán salvos —le contestaron. (Hechos 16:31)

OBJETIVOS DE ENSEÑANZA Ayudar a los niños a:

1. Dios siempre da la oportunidad de recibir su regalo de salvación.

2. Es importante entender y cumplir la voluntad de Dios.

COMENTARIO BÍBLICO

En la lección de hoy leemos sobre tres personas que recibieron buena influencia del evangelio en Filipos: Lidia, una muchacha que adivinaba el futuro y un carcelero.

En Filipos, Pablo halló a un grupo de mujeres reunidas junto al río. Una de ellas, Lidia, era una próspera negociante que vendía púrpura. La púrpura se vendía a personas ricas o a gente asociada con la realeza. Lidia tenía éxito en lo social, pero sus necesidades espirituales fueron satisfechas sólo por Cristo. Su conversión y hospitalidad hicieron que su hogar fuese la base para las misiones en Filipos.

Había una muchacha que tenía un espíritu por el que adivinaba el futuro. Pablo ordenó, en el nombre de Jesús, que el demonio saliera de ella. El exorcismo impidió que sus amos siguieran ganando dinero, así que azotaron y encarcelaron a Pablo y Silas. Esta fue una de las muchas veces que Pablo sufrió por su fe en Jesús, tal como se predijo en Hechos 9:16.

En la cárcel, Silas y Pablo cantaban himnos y oraban a Dios mientras los otros presos escuchaban. Adoraban, aunque estaban sufriendo. Como Pablo y Silas, nosotros podemos ayudar a que otros vean que Dios está obrando en nuestra vida a pesar de las circunstancias. Cuando alabamos a Dios durante las pruebas, damos un gran testimonio del poder del Espíritu Santo.

Un terremoto les dio la oportunidad de escapar. Sin embargo, Pablo y Silas vieron la oportunidad de compartir el evangelio. No sólo salvaron la vida del carcelero, sino que lo guiaron a la vida eterna en Jesús.

Pablo fue fiel a la dirección del Espíritu, aunque lo llevó

en direcciones inesperadas. Pablo obedeció a Dios yendo a Macedonia en vez de Frigia y Galicia. Mientras buscaba un lugar especial donde orar, Pablo le testificó a Lidia. Cuando se preparaba para un día de ministerio, Pablo liberó a una joven poseída. Por eso lo echaron en la cárcel. Estando en la cárcel, pudo testificar a otros prisioneros además del carcelero. En todos estos eventos inesperados, Pablo irradiaba confianza y fe en el Espíritu Santo. Sería aconsejable seguir el ejemplo de Pablo, proclamando el mensaje de Jesús dondequiera que estemos, sin tomar en cuenta nuestras circunstancias.

ACTIVIDAD DE APERTURA

Para esta actividad necesitará lo siguiente:

- Objetos para preparar una pista de obstáculos
- Una bufanda o toalla pequeña para vendar los ojos

Antes de la clase, prepare una pista de obstáculos: un recorrido con objetos que el niño deberá rodear o sobre los que deberá saltar para llegar al final. Si es posible, prepare esta pista en otro cuarto, de modo que los niños que participen no puedan ver los obstáculos antes que empiece la actividad. Puede usar cajas de cartón, bolsas llenas con periódicos viejos, o alguna otra cosa que tenga. (Al preparar la pista, tome en cuenta la seguridad de los niños.) Provea una bufanda o toalla pequeña para vendar los ojos.

En la clase, escoja a un voluntario para que camine por la pista de obstáculos. Lleve al voluntario y a los otros niños a la pista.

Diga: En nuestra lección de hoy, Pablo quería ir a Bitinia, pero el Espíritu Santo lo detuvo. Después de una visión de Dios, Pablo decidió ir más bien a Macedonia. Hoy, nuestro voluntario representa a Pablo. Él trató de decidir a dónde quería Dios que fuera. Ustedes pueden ayudar a dirigir a nuestro voluntario por esta pista, de manera que no tropiece ni se caiga. Escoja a otro voluntario para que dé direcciones orales al niño vendado. Si tienen tiempo, permita que otros niños se ofrezcan a probar la pista de obstáculos.

Diga: Dios nos da el Espíritu Santo para ayudarnos a saber qué hacer. Dios guio a Pablo a los lugares a donde Él quería que fuese Pablo.

LECCIÓN BÍBLICA

1. Elija tu equipo (16:1-5)

En el final del capítulo 15 la historia de este viaje comienza con un doloroso incidente que involucra al personal del ministerio. Antes de dejar esta historia, necesitamos averiguar cómo termina. Pablo menciona en sus escritos posteriores tanto a Juan Marcos (a quien llama simplemente "Marcos") como a Bernabé.

Lea junto con los niños 1 Corintios 9:6; Colosenses 4:10; 2 Timoteo 4:11; y Filemón 24.

1. ¿Qué te dicen estas referencias sobre la situación posterior de Pablo con estos dos hombres?

Bernabé fue reemplazado por Silas como compañero de Pablo. En 16:1-5, nos enteramos que Pablo encontró también un reemplazo para Juan Marcos, como ayudante joven. ¿Quién fue este reemplazo y qué sabemos de él por estos versículos?

2. Un cambio de planes (16:6-10)

Hasta ahora todos los viajes de Pablo han sido en Palestina y la región que hoy conocemos como Asia Menor (hoy Turquía). Aparentemente pensaba continuar su trabajo misionero en esta región. Pero cuando estaba en Troas recibió nuevas órdenes para su itinerario. No te pierdas la importancia de estos versículos.

"Macedonia" es parte de la actual Grecia (no confundirla con la República de Macedonia). Esa región no sólo era el centro cultural e intelectual del mundo occidental, también estaba en Europa, no en Asia.

Pida a los niños que lean estos versículos y contesten las siguientes preguntas:

1. De lo que sabes de la historia, ¿por qué fue tan importante que los planes de viaje de Pablo cambiaran de Asia a Europa? (¿Por qué es importante para ti?)

2. En el versículo 7 leemos que cuando Pablo quería ir a Bitinia "el Espíritu de Jesús no se lo permitió". No se nos da mayor explicación. ¿En qué forma crees que el Espíritu Santo le comunicó esto a Pablo?

3. Después de la visión de Pablo del hombre de Macedonia, Lucas nos dice que enseguida se prepararon para partir hacia Macedonia. ¿Qué nos dice esto de Pablo?

3. La cárcel de Filipos (16:11-40)

De Troas, donde Pablo recibió la visión del hombre macedonio, el grupo viajó a Filipos, una colonia romana. (La iglesia que Pablo había fundado ahí más adelante recibió una carta, que nosotros conocemos como la Epístola a los Filipenses). Aquí descubrimos la influencia que el evangelio tuvo en tres personas muy diferentes: una mujer negociante y adinerada, una joven esclava maltratada y un carcelero romano.

De acuerdo con el relato de Lucas, la primera persona convertida en Europa fue una mujer llamada Lidia. Como vendedora de "telas de púrpura", una tela cara en el mundo antiguo, probablemente era muy rica. Lucas nos dice que "el Señor le abrió el corazón para que respondiera al mensaje de Pablo" (v. 14). ¿Qué crees que quiere decir eso?

La siguiente persona que encontramos en el ministerio de Pablo fue una joven esclava, que predecía el futuro. ¿Por qué crees que Pablo se molestó por el comportamiento de esta joven? ¿Estaba haciendo un escándalo? ¿Estaba diciendo mentiras? ¿O sería algo más?

Como Pablo expulsó el espíritu maligno de la joven, sus amos mandaron meter a Pablo y a Silas en la cárcel. Ahí los misioneros encontraron al tercer personaje filipense, un carcelero romano. ¿Qué suceso llevó a su conversión?

Ayude a los niños a memorizar el versículo 31, pues contiene una de las declaraciones más claras y sencillas del evangelio en la Biblia.

ACTIVIDADES SUGERIDAS

*Añada al listado, los personajes, lugares y objetos que aparecen en esta lección.

*Realice los juegos relacionados a esta lección, dime el personaje, ¿dónde estaba Pablo?, geografía bíblica, baúl de los recuerdos, ¿cómo lo imaginas?, reventazón, banderas, conteste y dibuje, emoción-arte, dígalo con mímica.

*Elaboren rótulos decorativos con el texto de esta lección y pida a los niños que lo coloquen en algún lugar especial de su casa.

PREGUNTAS

1. ¿Por qué causa Pablo circuncidó a Timoteo? (16:3)
   R/ Por causa de los judíos que vivían en aquella región, pues todos sabían que su padre era griego

2. ¿Qué visión tuvo Pablo durante la noche? (16:9)
   R/ Un hombre de Macedonia, puesto de pie, le rogaba: 'Pasa a Macedonia y ayúdanos'

3. Mencione las dos características de la ciudad de Filipos: (16:12)
   *es una colonia romana
   *es una ciudad principal del distrito de Macedonia.

4. ¿Quién era Lidia? (16:14)
   R/ una vendedora de telas de púrpura de la ciudad de Tiatira que adoraba a Dios.

5. ¿Qué gritaba la joven esclava que tenía un espíritu de adivinación? (16:17)
   R/ estos hombres son siervos del Dios Altísimo, y les anuncian a ustedes el camino de salvación.

6. ¿Qué hicieron los amos de la joven cuando se dieron cuenta de que se les había esfumado la esperanza de ganar dinero? (16:19)
   R/ Echaron mano a Pablo y a Silas y los arrastraron a la plaza, ante las autoridades

7. Estando en el calabozo, ¿qué hicieron Pablo y Silas a eso de la medianoche? (16:25)
   R/ se pusieron a orar y a cantar himnos a Dios.

8. ¿Quién lo dijo, a quién lo dijo y cuál fue la reacción: "¡No te hagas ningún daño! ¡Todos estamos aquí!"? (16:28-29)
   R/ Pablo, al carcelero, el carcelero pidió luz, entró precipitadamente y se echó temblando a los pies de Pablo y de Silas

9. ¿Quién preguntó, a quién y cuál fue la respuesta: "Señores, ¿qué tengo que hacer para ser salvo"? (16:30-31)
   R/ el Carcelero, a Pablo y Silas, y la respuesta fue: 'Cree en el Señor Jesús; así tú y tu familia serán salvos'

DE VIAJE OTRA VEZ

Lección 13

PASAJE BÍBLICO: Hechos 17

VERSÍCULO CLAVE: El Dios que hizo el mundo y todo lo que hay en él es Señor del cielo y de la tierra. No vive en templos construidos por hombres. (Hechos 17:24)

OBJETIVOS DE ENSEÑANZA Ayudar a los niños a:

1. Entender que Dios nos envía al mundo para compartir su amor.

2. No ser religiosos, sino amar a Dios y obedecerle porque le conocemos a través de las Sagradas Escrituras.

COMENTARIO BÍBLICO

Mientras Pablo estaba en Atenas, vio muchos ídolos por toda la ciudad. Incluso tenían uno con la inscripción "AL DIOS NO CONOCIDO". Atenas era una ciudad élite, con una universidad y eruditos que valoraban las ideas y el aprendizaje. Pablo debatió con filósofos epicúreos y estoicos. Los epicúreos buscaban el placer para lograr la felicidad. A veces usaban la abnegación para alcanzar felicidad duradera. Los estoicos enseñaban a vivir de acuerdo con la naturaleza y a no ser afectados emocionalmente por las circunstancias.

Pablo predicó que el "Dios No Conocido" que ellos adoraban era, de hecho, el único Dios viviente y verdadero. Explicó que Dios creó el mundo, que Él nos da vida y aliento, y que somos sus hijos.

El mensaje del evangelio que Pablo predicaba refutó muchas de las ideas que los atenienses aceptaban en su cultura. Los atenienses eran diferentes de los judíos a quienes antes Pablo había predicado. Esta nueva audiencia no conocía las Escrituras judías. Así que Pablo les enseñó en el idioma que entendían. Usó metáforas conocidas para ayudarles a entender a Dios. Incluso usó citas de la literatura atenea para describir a Dios. Habló a esos filósofos educados en una forma que apelaba a su intelecto. Les presentó el evangelio en una manera que los cautivó.

Los atenienses deseaban algo auténtico que adorar. Buscaban algo que diera significado y propósito a sus vidas. Sabemos que tenían la mente abierta a la idea de un nuevo Dios ya que reconocían al "Dios No Conocido". Asimismo, muchas personas en nuestro mundo hoy buscan a Dios, pero no saben cómo describirlo. Es nuestra responsabilidad encontrar cómo proclamar el mensaje de Jesús a todos, no sólo a los que tienen trasfondos similares a los nuestros. Es a Jesús a quien ellos buscan, y sólo Él puede saciar su deseo de conocer a Dios.

PALABRAS RELACIONADAS CON NUESTRA FE

Día de reposo — El día que Dios apartó para descansar, adorar y hacer el bien. Para los judíos, el día de reposo es el séptimo día (sábado). Los cristianos celebran el día del Señor (domingo) como su día de reposo, porque fue cuando Jesús resucitó.

Misionero — Una persona llamada por Dios y enviada por la iglesia para llevar el evangelio a gente de otros países o culturas.

Ídolo — Todo lo que se adora en lugar de Dios o se ama más que a Dios. La ciudad de Atenas estaba llena de ídolos hechos de oro, plata o piedra.

Areópago — Una colina en Atenas donde un concilio de filósofos se reunía para discutir temas filosóficos. Pablo le habló a este grupo acerca de la resurrección de Jesús.

ACTIVIDAD DE APERTURA

Para esta actividad necesitará lo siguiente:

- Un pedazo de papel para cada niño

- Un lápiz o lapicero para cada niño

Antes de la clase, escriba en los papeles esta declaración: "Estoy dispuesto a ir a dondequiera que Dios me pida que vaya para hablarle a la gente acerca de Jesús". En la parte inferior del papel, trace una línea para la firma del niño.

En la clase, diga: Hemos estudiado los viajes que hizo Pablo a muchas ciudades.

¿Por qué viajó Pablo a esas ciudades? (Dios le pidió a Pablo que hablara de Jesús a la gente.) ¿Qué es un misionero? (Alguien que viaja a otro país o cultura para hablar a la gente sobre Dios y su plan de salvación mediante Jesús.) ¿En qué forma habría sido diferente el mundo si Pablo se hubiese quedado en Jerusalén y se hubiese negado a viajar? (La gente en otros lugares del mundo no habría oído de Jesús. Dios podría haber escogido a alguien más para difundir el evangelio, pero quizás no hubiese tenido el valor y la determinación de Pablo.)

Diga: Dios podría pedirle a uno de ustedes que se vaya de su ciudad y viaje a otro lugar para proclamar el evangelio. Si Dios les pidiera hacer eso, ¿responderían "sí"? Distribuya los papeles y lápices. Lea la declaración; luego ore, pidiendo a Dios que ayude a los niños a estar dispuestos para hablar a otros acerca de Jesús, ya sea donde viven o en otro lugar del mundo. Anime a los niños a escribir su nombre si están dispuestos a compartir las buenas nuevas de Jesús, dondequiera que vayan, y a toda persona a quien Dios les pida hablar. Algunos niños firmarán de inmediato, pero otros tal vez quieran hacerlo después. Dígales que lleven el papel a su casa y que lo guarden en su Biblia o en otro lugar seguro.

Diga: Damos gracias a Dios por Pablo y otros misioneros que difunden el evangelio a muchas áreas del mundo.

LECCIÓN BÍBLICA

1. Pablo de gira por Grecia (17:1-34)

Ahora vamos rápidamente a cubrir el resto del segundo viaje misionero de Pablo. En estos versículos vamos a leer sobre las visitas de Pablo a algunas de las ciudades más grande de Grecia: Tesalónica, Atenas y Corinto, entre otras. En Tesalónica y Corinto, Pablo fundó congregaciones a las que más adelante les escribió los libros 1 y 2 de Tesalonicenses y 1 y 2 de Corintios de nuestro Nuevo Testamento.

En este pasaje observa que Pablo sigue con su costumbre de visitar las sinagogas judías cuando llegaba a cada ciudad (17:2, 10, 17). Y observa también que fue muy perseguido por los judíos (17:5, 13).

Pregunte a los niños, ¿Por qué crees que Pablo seguía tratando de evangelizar a los judíos a pesar de lo mal que lo trataban?

En 17:16-34 tenemos la visita de Pablo a Atenas, una ciudad que identificamos siempre con la cultura y filosofía griegas. Allá Pablo quedó afligido por la adoración a los ídolos que observó. En los versículos 22-31 podemos leer su sermón a los paganos.

Comparen este sermón con el que Pablo dio a otro grupo de paganos en Listra (14:15-17).

¿En qué se parecen? ¿En qué difieren? ¿En qué difieren de otros sermones que hay dado ante audiencias judías en el libro de Hechos?

Brevemente resumen el enfoque que Pablo le dio a su ministerio en cada una de estas ciudades que visitó y los resultados que logró:
• Tesalónica (17:1-9)
• Berea (17:10-15)
• Atenas (17:16-34)

ACTIVIDADES SUGERIDAS

*Continúen con el glosario de palabras relacionadas a nuestra fe.

*Añada al listado, los personajes, lugares y objetos que aparecen en esta lección.

*Realice los juegos relacionados a esta lección, dime el personaje, ¿dónde estaba Pablo?, ¿cartón lleno, cómo lo imaginas?, la biblia en nuestros tiempos, banderas, dramatización, última hora,

*Elaboren rótulos decorativos con el texto de esta lección y pida a los niños que lo coloquen en algún lugar especial de su casa.

PREGUNTAS

1. ¿Qué era necesario para el Mesías? (17:3)
   R/ Que padeciera y resucitara.

2. ¿Quiénes reclutaron unos maleantes callejeros? (17:5)
   R/ Los judíos llenos de envidia.

3. ¿Qué exigieron las autoridades para dejar en libertad a Jasón y a los demás? (17:9)
   R/ Fianza

4. ¿Qué le dolió a Pablo en el alma? (17:16)
   R/ Ver que la ciudad estaba llena de ídolos

5. ¿Para qué escudriñaban todos los días las escrituras? (17:11)
   R/ Para ver si era verdad lo que se les anunciaba

6. De acuerdo con Hechos 17:18, ¿qué les anunciaba Pablo?
   R/ Las buenas nuevas de Jesús y de la resurrección.

7. ¿Qué decía la inscripción en el altar? (17:23)
   R: A un Dios no conocido

8. ¿Qué es el Dios que hizo el mundo y todo lo que hay en él? (17:24)
   R/ El Señor del cielo y la tierra.

9. De acuerdo con Hechos 17:31, ¿Qué ha fijado Dios?
   R/ Un día en que juzgará al mundo con justicia.

ENSEÑANDO Y PREDICANDO

Lección 14

PASAJE BÍBLICO: Hechos 18

VERSÍCULO CLAVE: El Dios que hizo el mundo y todo lo que hay en él es Señor del cielo y de la tierra. No vive en templos construidos por hombres. (Hechos 17:24)

OBJETIVOS DE ENSEÑANZA Ayudar a los niños a:

1. Entender que Dios nos anima a compartir su amor, aunque otros nos rechacen.

COMENTARIO BÍBLICO

Lucas nos presenta a otros ministros que ayudaron a Pablo: Priscila, Aquila y Apolos.

Cuando muchos de la población judía en Corinto rehusaron arrepentirse, Pablo se liberó de la responsabilidad de enseñarles. Él se concentró en los gentiles porque respondían al mensaje. Una visión del Señor animó a Pablo a permanecer en Corinto y se quedó allí por 18 meses. Durante ese tiempo tuvo muchas oportunidades para compartir el mensaje de Jesús y establecer relaciones con la gente.

Cuando Pablo se fue de Corinto, Priscila y Aquila fueron con él. Los tres tenían mucho en común. Eran del mismo oficio y tenían la misma vocación. Estando en Éfeso conocieron a Apolos, un fundador de iglesias de Egipto. Apolos era inteligente y conocía las Escrituras. Pero, no conocía toda la historia de Jesús. Así que Priscila y Aquila lo discipularon. Usando lo que aprendió, Apolos viajó a Acaya proclamando y defendiendo la fe.

En 1 Corintios Pablo menciona el trabajo de Priscila y Aquila (16:19) y Apolos (3:6, 9). Dice que él plantó la semilla del evangelio en Corinto, pero Apolos fue después y regó, animando y enseñando a los creyentes. Dios fue quien dio el crecimiento.

El ministerio no es trabajo de una persona. Se requiere de muchas personas para hacer bien el trabajo. En la lección de hoy aprendemos que:

• Debemos mostrar gracia cuando aconsejamos a otros. Aquila y Priscila le hicieron ver a Apolos que su conocimiento de Jesús era limitado. Sin embargo, lo hicieron en privado para no avergonzarlo.

• Todos tenemos que cumplir el papel de ministrar a las personas a nuestro alrededor y proclamarles el evangelio.

A veces es fácil desanimarse cuando alguien no acepta a Cristo. Sin embargo, podemos tener paz sabiendo que Dios puede usarnos y nos usará a todos para guiar a otros a conocerle. Así como Él usó a Apolos para regar la semilla que Pablo plantó, nos puede usar para plantar la semilla de fe o ayudar a que crezca.

ACTIVIDAD DE APERTURA

Para esta actividad necesitará lo siguiente:

• Pizarra y tiza, o pizarra blanca y marcadores

Antes de la clase, escriba esta oración en la pizarra: **"Sin embargo, Pablo obedeció a Dios"**.

En la clase, diga: Hoy conoceremos algunas de las experiencias difíciles de Pablo. Leeré una oración, y quiero que después ustedes lean lo que está escrito en la pizarra. Repitan estas palabras después que yo lea cada oración. Lea estas oraciones y espere a que los niños respondan.

• **En Jerusalén, los cristianos temían a Saulo.** (Sin embargo, Pablo obedeció a Dios.)

• **En Salamina, un mago quiso impedir que Saulo evangelizara al gobernante.** (Sin embargo, Pablo obedeció a Dios.)

• **En Antioquía de Pisidia, algunos judíos causaron problemas a Pablo y Bernabé.** (Sin embargo, Pablo obedeció a Dios.)

• **En Iconio, algunos judíos alborotaron a los gentiles y planearon maltratar y apedrear a Pablo.** (Sin embargo, Pablo obedeció a Dios.)

• **En Listra, algunas personas apedrearon a Pablo y lo arrastraron fuera de la ciudad.** (Sin embargo, Pablo obedeció a Dios.)

• **Pablo y Bernabé tuvieron un desacuerdo acerca de Juan Marcos.** (Sin embargo, Pablo obedeció a Dios.)

• **Pablo quería ir a Misia, pero el Espíritu Santo le dijo que fuera a Macedonia.** (Sin embargo, Pablo obedeció a Dios.)

• **En Filipos, los magistrados encerraron a Pablo y Silas en la cárcel.** (Sin embargo, Pablo obedeció a Dios.)

- **En Tesalónica,** los judíos iniciaron un alboroto contra Pablo. (Sin embargo, Pablo obedeció a Dios.)

- **En Atenas,** unos creyeron en Jesús, pero otros se burlaban de Pablo. (Sin embargo, Pablo obedeció a Dios.)

- **En Corinto,** los judíos se opusieron a Pablo y comenzaron a blasfemar, así que él se dirigió a los gentiles. (Sin embargo, Pablo obedeció a Dios.)

Diga: Pablo sufrió muchas situaciones difíciles. Tal vez ustedes también enfrenten burlas o situaciones difíciles. No se den por vencidos. Quizá sus amigos o familiares no aprecien lo que ustedes digan o hagan como cristianos. Sin embargo, como Pablo, sigan obedeciendo a Dios.

LECCIÓN BÍBLICA

1. Continué la gira por Grecia (18:1-17)

En el capitulo anterior Pablo emprendió un viaje a Grecia donde visitó varios lugares, en su recorrido llega a Corinto una ciudad en la que Pablo fundó una congregación.

Al igual que la lección anterior puedes ver cómo Pablo visitaba las sinagogas judías (18:4, 19) y nuevamente vemos que fue perseguido por los judíos (18:6, 12)

Pida a los niños que resuman brevemente, cuál fue el enfoque de Pablo en esta ciudad y cuáles fueron los resultados que alcanzó.

2. El bautismo de Juan (18:23-28)

Aunque el primer versículo habla de Pablo, el resto de la sección trata de algo que ocurría al mismo tiempo en Éfeso, una de las iglesias que Pablo había fundado en un viaje previo.

Un judío egipcio llamado Apolo llegó a Éfeso. Obviamente había conocido el evangelio anteriormente, ya que "había sido instruido en el camino del Señor, y con gran fervor hablaba y enseñaba con la mayor exactitud acerca de Jesús" (v. 25). Sin embargo, sólo conocía parte de la historia.

Pida a los niños que lean estos versículos y contesta las preguntas:

1. De acuerdo con el versículo 25, ¿qué le faltaba a la información de Apolo?

2. ¿Qué crees que Pablo quería decir con "el bautismo de Juan"? En Mateo 3:11 encontrarás más detalles.

ACTIVIDADES SUGERIDAS

*Añada al listado, los personajes, lugares y objetos que aparecen en esta lección.

*Realice los juegos relacionados a esta lección, dime el personaje, ¿dónde estaba Pablo?, termine la historia, la biblia en nuestros tiempos, collage, dramatización

PREGUNTAS

1. ¿A quién encontró Pablo en Corinto? (18:2)
   R/ A un judío llamado Aquila

2. ¿Por qué Aquila y Priscila habían llegado de Italia? (18:2)
   R/ Porque Claudio había mandado expulsar a los judíos de Roma

3. ¿A qué se dedicó Pablo cuando llegaron a Macedonia? (18:5)
   R/ A la predicación

4. ¿Quién creyó en el Señor con toda su familia? (18:8)
   R/ Crispo (el jefe de la sinagoga)

5. ¿Quién era el gobernador de Acaya?
   R/ Galión (18:12)

6. ¿Sobre quién se abalanzaron todos y lo golpearon delante del tribunal? (18:17)
   R/ Sobre Sóstenes (el jefe de la sinagoga)

7. ¿Qué hizo Pablo a causa de un voto que había hecho? (18:18)
   R/ Se hizo rapar la cabeza

8. ¿A qué congregaciones visitó Pablo una por una? (18:23)
   R/ A las congregaciones de Galacia y Frigia

9. ¿Cuál era el único bautismo que Apolo conocía? (18:25)
   R/ el de Juan

10. ¿Qué hicieron Priscila y Aquila con Apolo? (18:26)
    R/ lo tomaron a su cargo y le explicaron con más precisión el camino de Dios.

11. ¿Qué demostraba Apolo por las Escrituras? (18:28)
    R/Que Jesús es el Mesías.

DISTURBIOS Y MILAGROS

Lección 15

PASAJE BÍBLICO: Hechos 19:1 – 20:12

VERSÍCULO CLAVE: Así la palabra del Señor crecía y se difundía con poder arrollador. (Hechos 19:20)

OBJETIVOS DE ENSEÑANZA Ayudar a los niños a:

1. Entender que el Espíritu Santo nos da poder para hacer cosas asombrosas.

COMENTARIO BÍBLICO

El ministerio de Pablo a los efesios produjo emociones extremas: emociones positivas hacia el Espíritu y una ira profunda contra el cristianismo.

Cuando Pablo llegó a Éfeso, los creyentes allí no habían experimentado el poder del Espíritu Santo. Pablo les hizo algunas preguntas y después les enseñó acerca de Jesús y el Espíritu Santo. También bautizó a los nuevos creyentes. Estando Pablo en Éfeso, Dios hizo milagros por medio de él: sanó enfermedades y echó fuera malos espíritus. Esos hechos fueron evidencia de la obra del Espíritu mediante Pablo.

Pero, la ira dominó a los plateros locales, que ganaban mucho dinero vendiendo ídolos de plata de su dios. La predicación de Pablo ponía en peligro su estilo de vida, en lo religioso y financiero. Intentaron impedir el mensaje de Pablo, pero no tuvieron éxito.

A pesar del alboroto en Éfeso, Pablo continuó viajando y predicando el mensaje de Cristo. Él entendía que la persecución y las pruebas serían parte de su vida.

PALABRAS RELACIONADAS CON NUESTRA FE

Arrepentimiento — El acto de apartarse del pecado y volverse hacia Dios. Lamentar haber pecado, pedir perdón y vivir para Dios.

ACTIVIDAD DE APERTURA

Para esta actividad necesitará lo siguiente:

- Un mapa del mundo
- Un mapa de su país
- Un mapa de su ciudad

En la clase, lea Hechos 1:8 a los niños. Repita el significado de "testigo".

Diga: Nombren los lugares que se mencionan en Hechos 1:8. Permita que los niños respondan. Jerusalén es una ciudad. Judea y Samaria son países. Lo último de la tierra representa las otras partes del mundo. Si obedecen lo que dice este versículo, testificarán del Señor en su ciudad, en su país y en otras partes del mundo.

¿Cómo pueden testificar a la gente en su ciudad? (Pueden testificar a familiares y amigos, a la gente en las tiendas, a los que ven en la escuela y en otras partes de la ciudad.)

¿Cómo pueden testificar a la gente en otras partes de su país? (Pueden testificar a familiares o amigos que viven en otras partes del país. Quizás cuando vayan de vacaciones a otra ciudad.)

¿Cómo pueden testificar a la gente en otros países? (Pueden escribir cartas a misioneros. Cuando dan ofrenda para misiones, ayudan a los misioneros a llevar el evangelio a muchos otros países.)

Ustedes pueden testificar a la gente en su ciudad, su país y en otras partes del mundo. Pueden obedecer lo que dice Hechos 1:8.

LECCIÓN BÍBLICA

1. Pablo en Éfeso (19:1-41)

El capítulo 19 de Hechos habla de algunos de los eventos de los tres años de estadía de Pablo en Éfeso, una de las grandes ciudades de Asia Menor.

Lea a los niños el capítulo y contesten las preguntas:

1. Una vez más encontramos a discípulos con un entendimiento incompleto del evangelio. Así como Apolo, estos discípulos entendían el "bautismo de Juan" (vv.3-4). ¿Cómo definió Juan su bautismo? (v. 4)

2. ¿Qué les faltaba a estos discípulos? (v. 2)

3. Lee de nuevo Hechos 2:1-4; 8:14-17; 10:44- 46. ¿En qué se relacionan estos versículos con 19:1-7?

4. Observa que Lucas habla del cristianismo sencillamente como "el Camino" en el versículo 9. Busca referencias similares en Hechos 9:2; 19:23; 22:4; 24:14, 22. ¿Qué crees que quiera decir Lucas al referirse al cristianismo de esta manera?

2. Desde la ventana (20:1-12)

Cuando Lucas describe la última parte del tercer viaje misionero de Pablo parece que se apresura, y deja de lado muchos detalles.

En este capítulo, sin embargo, se detiene lo suficiente como para contarnos la historia de una velada en la iglesia y de Eutico, un joven que se quedó dormido en el servicio (¿te recuerda a alguien?). ¿Por qué crees que Lucas se dio el espacio para contar esta historia?

ACTIVIDADES SUGERIDAS

*Continúen con el glosario de palabras relacionadas a nuestra fe.

*Añada al listado, los personajes, lugares y objetos que aparecen en esta lección.

*Realice los juegos relacionados a esta lección, dime el personaje, última hora.

PREGUNTAS

1. ¿Qué sucedió cuando Pablo les impuso las manos a unos doce hombres? (19:6)
   R/ El Espíritu Santo vino sobre ellos, y empezaron a hablar en lenguas y a profetizar

2. De acuerdo con Hechos 19:11, ¿Qué hacia Dios por medio de Pablo?
   R/ Milagros extraordinarios

3. ¿Quién era la guardiana del templo de la gran Artemisa y de su estatua bajada del cielo? (19:35)
   R/ La ciudad de Éfeso

4. ¿Quién se despidió y salió para ir a Macedonia? (20:1)
   R/ Pablo

5. ¿Dónde estuvo Pablo tres meses? (20:2-3)
   R/ En Grecia

6. ¿De dónde era Sópater? (20:4)
   R/ De Berea

7. ¿Por qué alargó Pablo el discurso hasta la media noche? (20:7)
   R/ Porque había de salir al día siguiente

8. ¿Dónde estaba sentado Eutico? (20:9)
   R/ En la ventana

9. De acuerdo a Hechos 20:12, ¿cómo llevaron al joven?
   R/ Vivo

LA CARRERA DE PABLO - 1

Lección 16

PASAJE BÍBLICO: Hechos 20:13-38 – 21:1-16

VERSÍCULO CLAVE: Sin embargo, considero que mi vida carece de valor para mí mismo, con tal de que termine mi carrera y lleve a cabo el servicio que me ha encomendado el Señor Jesús, que es el de dar testimonio del evangelio de la gracia de Dios. (Hechos 20:24)

OBJETIVOS DE ENSEÑANZA Ayudar a los niños a:

1. Entender que Dios nos ha confiado la tarea de proclamar el evangelio.

COMENTARIO BÍBLICO

Pablo fue fiel al evangelio, aunque le costó mucho. Soportó muchos sufrimientos a fin de proclamar la verdad de Jesús. Dondequiera que iba, Pablo esperaba sufrir a causa del mensaje.

En sus últimas exhortaciones a la iglesia en Éfeso, Pablo les recordó su ejemplo. Él trabajó arduamente para suplir sus propias necesidades. Exhortó, asimismo, a los efesios a trabajar arduamente, ayudar a los débiles y proclamar el evangelio. Les recordó que no debían buscar recompensas monetarias, sino reconocer el valor de sus relaciones. Lea Mateo 5:1-12 para ver cómo los cristianos experimentan bendiciones de Dios.

Una de las características que define a los cristianos es su servicio a los marginados en la sociedad. Los relatos de Hechos muestran cómo los creyentes compartían sus vidas unos con otros, incluyendo sus recursos. Esta es la misión que Pablo enfatizó a los efesios.

Pablo describió sus pruebas como recordatorio de que, los que siguen a Jesús, tal vez enfrenten gran sufrimiento. El Espíritu Santo es quien capacita al seguidor para soportar y perseverar.

El informe de Pablo ayudó también a reconciliar su difícil relación con los líderes de la iglesia en Jerusalén. Su ministerio a los gentiles no contaminaba la fe. Al contrario, extender el mensaje a los gentiles demostró la enorme gracia y misericordia de Jesús. Las buenas nuevas de Jesús eran que Dios continuamente busca atraer a toda la humanidad a sí mismo. Nosotros participamos en la misión de Dios cuando hablamos de Jesús con otros.

PALABRAS RELACIONADAS CON NUESTRA FE

Gracia — Todo lo que Dios hace por nosotros, incluyendo su amor, misericordia, perdón y el poder que obra en nuestras vidas. Dios libremente nos da de su gracia porque nos ama, no porque lo merezcamos.

Exhortación — Un mensaje breve que comunica un consejo o recomendaciones urgentes. Hechos incluye varias exhortaciones de Pablo a las iglesias que él visitaba.

ACTIVIDAD DE APERTURA

Para esta actividad necesitará lo siguiente:

• Un pedazo de papel para cada niño

• Un lápiz para cada niño Antes de la clase, elija una actividad que usted realiza con regularidad (por ejemplo: alistarse para ir al trabajo, comprar alimentos, planear actividades o ayudar a los hijos con sus tareas).

Haga una lista de los pasos que sigue para realizar esa actividad.

Diga a la clase: Esta es una actividad que hago con regularidad. Estos son los pasos que sigo para realizar esa actividad. Lea su lista. Distribuya los papeles y lápices. Pida a los niños que piensen en una actividad que realizan cada día. Luego deben hacer una lista de los pasos para realizar su actividad. Permita que algunos voluntarios lean sus listas. Pregunte a cada voluntario:

Si no cumples alguno de los pasos, ¿completarías la actividad? Dé tiempo para que los niños hablen de la pregunta. Lea Hechos 20:24. Diga: Pablo estaba decidido a completar la actividad o ministerio que Dios le dio.

44

Pida a un voluntario que lea Hechos 13:46-47. Diga: En estos versículos, Pablo dijo a los judíos que ellos rechazaron el mensaje que les dio acerca de Jesús. Por eso, Dios envió a Pablo a los gentiles, para que les predicara a ellos el evangelio. Pablo dio informe a los líderes de Éfeso y Jerusalén. Les dijo que él deseaba completar el ministerio que Dios le dio. Pablo viajó a muchas ciudades. Predicaba el evangelio y seguía la dirección del Espíritu Santo.

Dedique tiempo para orar con los niños. Pida a Dios que les ayude a cumplir lo que Él quiera que ellos hagan

LECCIÓN BÍBLICA

1. Pablo se despide de Asia Menor (20:13-38)

En este pasaje, Lucas nos describe una emotiva despedida, en los versículos 17-38, se encuentra la despedida de Pablo con los líderes de la iglesia en Éfeso, donde Pablo había pasado tres años.
Los versículos 22-24 nos dan un presagio de lo que va a pasar.

Pida a los niños que lean el pasaje y luego respondan:

1. ¿Qué nos dicen estos versículos de Pablo?
2. ¿Qué dice el versículo 34 de Pablo?

3. Hacia Jerusalén (21:1-16)

Estos versículos narran el último tirón del tercer viaje misionero de Pablo. Los versículos 4 y 10-12 son un eco de algo que leímos en la sección previa. ¿Qué es?

Es muy importante que en esta sección notes ¿Cuál fue la reacción de Pablo a la profecía que decía que iba a ser arrestado en Jerusalén? (v. 13)

ACTIVIDADES SUGERIDAS

*Continúen con el glosario de palabras relacionadas a nuestra fe.

*Añada al listado, los personajes, lugares y objetos que aparecen en esta lección.

*Realice los juegos relacionados a esta lección, cartón lleno.

PREGUNTAS

1. De acuerdo con Hechos 20:19, ¿cómo sirvió Pablo al Señor?
   R/ Con toda humildad y con muchas lágrimas

2. ¿Quién había proclamado el propósito de Dios sin vacilar? (20:27)
   R/ Pablo

3. ¿Quiénes decían a Pablo que no subiese a Jerusalén? (21:3-4)
   R/ Los discípulos (de Tiro)

4. ¿Las hijas de quién profetizaban? (21:9)
   R/ Las de Felipe, el evangelista

5. ¿Cuándo descendió de Judea un profeta llamado Agabo? (21:10)
   R/ Después de permanecer en Cesárea algunos días

6. ¿A qué estaba dispuesto Pablo por el nombre del Señor Jesús? (20:13)
   R/ No solo a ser atado sino a morir en Jerusalén.

7. ¿Quiénes trajeron consigo a uno llamado Mnasón? (21:16)
   R/ Algunos de los discípulos de Cesárea

LA CARRERA DE PABLO - 2

Lección 17

PASAJE BÍBLICO: Hechos 21:17-40 – 22:1-21

VERSÍCULO CLAVE: Tú le serás testigo ante toda persona de lo que has visto y oído. (Hechos 22:15)

OBJETIVOS DE ENSEÑANZA Ayudar a los niños a:

1. Entender que cuando Dios quiere que hablemos en su nombre, él nos enseña qué decir.

COMENTARIO BÍBLICO

El tribuno romano se apresuró a detener el alboroto. Ordenó a sus soldados que detuvieran a Pablo y lo sujetaran con dos cadenas. Hizo eso para protegerlo. Era la tercera vez que las autoridades ayudaban a Pablo; vemos la primera en 18:12-17 y la segunda en 19:23-41. Estas ocasiones ayudaron a preservar y propagar el evangelio.

Pablo pidió permiso al tribuno para hablar a la gente. Con su consentimiento, Pablo se dirigió a la multitud para explicar sus acciones.

Pablo los llamó "hermanos y padres" en su propio idioma hebreo. Escuchar ese idioma familiar hizo que pusieran atención. Pablo dio testimonio de su familia, su tradición y su herencia cultural. Se identificó como judío. Demostró que era un orador creíble por su conocimiento de las leyes y costumbres judías.

Claramente él no rechazó la preocupación de la gente como algo insignificante. Procuró establecer una conexión con ellos basada en su idioma materno, su educación común y el hecho de que, al igual que ellos, él era un zelote religioso. Pablo entendía el celo que mostraban porque él también había perseguido a los cristianos antes de convertirse. La distinción que indicó a la multitud fue que ellos eran celosos de la ley, pero ahora él era celoso de Dios. Pablo intentó explicarles que cuando se hizo seguidor de Cristo, él no abandonó el judaísmo.

Su nueva fe lo llevó a seguir al Dios del judaísmo como Aquel que también desea alcanzar a los gentiles. Una vez más Pablo defiende sus acciones. No fue su idea extender la gracia de Dios a los gentiles, sino de Dios mismo. Esta explicación no apaciguó a la multitud. Al contrario, se perturbaron cuando Pablo dijo que esa había sido la iniciativa de Dios. La multitud quería matar a Pablo, así que trataron de probar que él había cometido el pecado de blasfemia: hablar de Dios de manera inapropiada. Según su forma de pensar, era imposible considerar que el favor de Dios hacia Israel no fuera exclusivo. La predicación y los actos de Pablo, si en verdad eran de Dios, destruirían el concepto que tenían acerca de Dios y de su relación con Él. Estaban enojados con Pablo, pero si éste decía la verdad, más bien debían enojarse con Dios.

Era una situación que no podían aceptar. La única otra opción era reconocer que Dios acepta a los gentiles y someterse a su voluntad.

El tribuno ordenó a los soldados que azotasen a Pablo. Pero, cuando éste se identificó como ciudadano romano, el tribuno se sorprendió y detuvo el castigo. Era ilegal azotar a un ciudadano romano que no hubiese sido declarado culpable. Según la ley romana, todos los ciudadanos romanos estaban excluidos de todo tipo de castigo humillante, como los azotes o la crucifixión.

Pablo nos muestra que testificar no es complicado. Contamos la historia de cómo éramos antes que Dios nos salvara. Después, podemos hablar sobre la diferencia que Dios hizo en nuestra vida. Dios le dio a Pablo la valentía para contar su historia de salvación. Aunque la multitud rechazó el mensaje de Pablo, Dios le dio valor para hablar y le enseñó qué decir. Dios hará lo mismo por nosotros cuando contemos nuestra historia a otros.

PALABRAS RELACIONADAS CON NUESTRA FE

Azotar – Golpear severamente con un azote. El azote es un látigo de cuero con metales atados en los extremos.

Zelote — Miembro de un grupo patriótico de los judíos en Judea durante el tiempo de la iglesia primitiva. Deseaban derrocar al gobierno de Roma. Se oponían enérgica y violentamente al gobierno romano.

Testificar — Hablar acerca de algo. La gente que cree en Jesús habla a otros acerca de Él, que es el Hijo de Dios y desea ser nuestro Salvador. Dar testimonio es cuando los cristianos hablan de su experiencia con Dios.

ACTIVIDAD DE APERTURA

Para esta actividad necesitará lo siguiente:

- Papel para cada niño
- Lápiz para cada niño
- Pizarra y tiza o pizarra blanca y marcadores

Antes de la clase, escriba su biografía en forma breve. Incluya dónde nació, datos de su familia, lugares donde vivió, estudió y trabajó. Si tiene una fotografía de su niñez, llévela para mostrarla a la clase. Escriba de su experiencia en relación con la iglesia: a qué edad empezó a asistir, su conversión y los momentos más importantes en su vida espiritual.

Escriba en la pizarra estos temas: nacimiento, lugares donde vivió, familia, estudios, trabajo, pasatiempos, iglesia. En la clase, diga: Una biografía es la historia de la vida de alguien. Una biografía incluye la información que ven en la pizarra y tal vez algunos otros temas más. Esta es una breve biografía acerca de mí. Lea su biografía.

Si hay tiempo, pida a los niños que escriban su información acerca de cada uno de los temas escritos en la pizarra. Si no tienen suficiente tiempo, pida que algunos voluntarios se pongan de pie y hablen brevemente de cada tema.

Diga: En esta lección, vemos que Pablo tuvo la oportunidad de testificar a otros. Dio testimonio cuando contó la historia de su vida y la historia de su vida espiritual. Les relató cómo llegó a ser seguidor de Jesús. Ustedes también pueden testificar a otros cuando les hablan de su historia y de su amor a Jesús.

LECCIÓN BÍBLICA

1. ¿Nuevo en la ciudad? ¡Quedas arrestado! (21:17-36)
Cuando Pablo llegó a Jerusalén inmediatamente se reportó a la iglesia y les contó cómo le había ido en su último viaje. Los líderes de la iglesia alabaron a Dios por el éxito de Pablo, pero en seguida le contaron sobre un problema: había rumores de que estaba alentado a los judíos cristianos a que ignoraran las leyes y tradiciones judías.

Lea a los niños la primera parte de este pasaje (v. 17- 26) y luego respondan lo siguiente:

1. ¿Era cierto el rumor?

2. ¿Qué le sugirieron los líderes que hiciera?

3. ¿Por qué crees que Pablo estuvo de acuerdo en aceptar el rito de la purificación, aun cuando era inocente?

4. ¿Qué tan importante es que nos adaptemos a aquellos dentro de la iglesia cuyos estándares son diferentes a los nuestros?

La segunda porción de este pasaje revela que este plan conciliatorio no funcionó; después de que unos judíos de Asia (probablemente de Éfeso) vieron a Pablo empezaron un alboroto.

Lea los versículos 27-36 y contesten estas preguntas:

1. La pena por llevar a gentiles al Templo era la muerte- ¿Era Pablo culpable de esa acusación?

2. ¿Por qué crees que los judíos estaban tan molestos con Pablo?

3. Aunque Lucas habla de esto someramente, no olvides la violencia que Pablo en los versículos 30-31. De no haber sido por los soldados romanos lo hubieran matado a golpes. ¿Qué crees que pensaba Pablo mientras todo esto pasaba?

2. De frente a la turba (21:37-22:21)

Cuando los soldados rescataron a Pablo de la turba, él les hizo una señal para pedir permiso de hablar con los que estaban a punto de matarlo.

Pablo le habló al comandante romano en griego, el idioma del soldado, pero le habló a la turba en arameo, el idioma de ellos. ¿Qué podemos deducir de esto?

En 22:3 Pablo le dice a la multitud que su maestro había sido Gamaliel. ¿Recuerdas ese nombre? Revisa Hechos 5:34-39. ¿Qué crees que Pablo aprendió de su maestro?

En 22:4-16, Lucas cuenta la historia de la conversión de Pablo, una historia que ya nos contó en el capítulo 9, ¿Por qué crees que vuelve a contarnos la historia?

El versículo 21 narra lo último que Pablo pudo decirle a la turba antes de que lo interrumpieran. Partiendo de lo que Pablo mencionó en su defensa, ¿qué crees que iba a decir?

ACTIVIDADES SUGERIDAS

*Continúen con el glosario de palabras relacionadas a nuestra fe.

*Añada al listado, los personajes, lugares y objetos que aparecen en esta lección.

*Coloque papeles doblados en el aula con palabras como: Familiar, amigo, amiga, vecino, vecina, etc. y pida a los niños que se coloquen sobre un papel, luego pida que lo levanten y lean qué dice.

Diga a los niños que Pablo siempre aprovechaba la oportunidad para hablar de Jesús, ahora los niños deberán decir el nombre de un familiar, amigo, amiga, vecino, vecina, etc. a quien le hablaran de Jesús.

PREGUNTAS

1. ¿Quiénes alabaron a Dios por lo que Él había hecho entre los gentiles? (21:20)
   R/ **Jacobo y todos los ancianos**

2. De acuerdo con Hechos 21:23, ¿qué tienen cuatro hombres obligación de cumplir?
   R/ **Voto**

3. De acuerdo con Hechos 21:26, ¿a dónde entro Pablo para anunciar la fecha en que vencería el plazo de la purificación?
   R/ **en el templo.**

4. ¿Quiénes vieron a Pablo en el templo cuando estaban por cumplirse los siete días? (21:27)
   R/ **Unos judíos de Asia**

5. ¿Dónde nació Pablo? (22:3)
   R/ **En Tarso de Cilicia**

6. ¿A quién arrestaba y echaba a la cárcel Pablo? (22:4)
   R/ **A hombres y mujeres por igual**

7. De acuerdo con Hechos 22:17, ¿dónde estaba orando Pablo?
   R/ **En el templo (en Jerusalén)**

8. De acuerdo a Hechos 22:21, ¿Qué le replicó el Señor a Pablo?
   R/ **"Vete; yo te enviaré lejos, a los gentiles"**

JURAMENTO DE MUERTE

Lección 18

PASAJE BÍBLICO: Hechos 22:22-30 – 23:1-35

VERSÍCULO CLAVE: A la noche siguiente el Señor se apareció a Pablo, y le dijo: «¡Ánimo! Así como has dado testimonio de mí en Jerusalén, es necesario que lo des también en Roma» (Hechos 23:11)

OBJETIVOS DE ENSEÑANZA Ayudar a los niños a:

1. Confiar en Dios a pesar de las dificultades, pues él nos cuida y nos libra.

COMENTARIO BÍBLICO

Una vez más, Pablo está en problemas y Dios lo salva. El tribuno en Jerusalén reunió al concilio para determinar por qué los judíos se oponían a la predicación de Pablo. Éste aclaró que obedecía a Dios al predicar sobre la resurrección de los muertos. Airado, el sumo sacerdote ordenó que los que estaban junto a Pablo lo golpearan. Esto le dio a Pablo la oportunidad de mostrar su conocimiento de la ley. Después reveló su posición como fariseo y su creencia en la resurrección.

Los fariseos y saduceos eran rivales políticos y religiosos. Los saduceos no creían en la resurrección de los ángeles y los espíritus, pero los fariseos creían en ellos. Ambos grupos deseaban ganar la atención del pueblo judío. A menudo les preocupaba más su posición y tener la razón en vez de la aprobación de Dios. Esto benefició a Pablo, ya que la discusión violenta hizo que el tribuno llevase a Pablo para que estuviese seguro en la fortaleza.

A la noche siguiente, el Señor visitó a Pablo y le dijo que tuviera ánimo. Pablo iría a Roma, la capital del imperio, para testificar de Jesús. Pablo recibió ánimo y se le recordó que Dios es soberano, aun durante las circunstancias caóticas. En Jerusalén la vida de Pablo estaba en peligro. Su sobrino reveló un complot a las autoridades romanas. Algunos judíos planeaban matar a Pablo. El tribuno escuchó al sobrino de Pablo y, como creía que éste era inocente, tomó medidas para protegerlo. A Pablo le salvaron la vida y pudo continuar propagando el evangelio.

PALABRAS RELACIONADAS CON NUESTRA FE

Soberano — Ser soberano significa tener el poder para gobernar sin límites. Dios es soberano. Su poder para gobernar no está limitado en forma alguna, excepto cuando Él se limita a sí mismo.

ACTIVIDAD DE APERTURA

Para esta actividad necesitará lo siguiente:

- Pedazos de papel
- Lapicero o bolígrafo
- Pizarra y tiza o pizarra blanca y marcador

Antes de la clase, escriba por separado cada parte de los siguientes pares en pedazos de papel:

Jonás | un gran pez

los israelitas | el mar Rojo

los tres varones judíos | el horno de fuego

David | Goliat

Elías | los profetas de Baal en el monte Carmelo
José | la cárcel

Si los niños no conocen estas historias, elija otras que hablen de personas fieles en situaciones difíciles. Escriba en la pizarra el versículo para memorizar. En la clase, diga: La Biblia nos habla de muchas personas a las que Dios rescató de situaciones difíciles. Distribuya los papeles con nombres de personas y situaciones difíciles. Pida a los niños que encuentren a quien tenga el papel que forma par con el que ellos tienen. Cuando hayan encontrado a la pareja correcta, pida que los dos lean juntos las palabras de Hechos 23:11. Cuando todos los pares se hayan formado, pida a la clase que lean juntos Hechos 23:11.

Diga: Dios aún nos cuida hoy. Él nos ayuda cuando pasamos por situaciones difíciles. Podemos orar y pedir su ayuda. Pregunte a los niños si saben de alguien que esté pasando por una situación difícil. Tal vez uno de ellos o una de las familias esté enfrentando enfermedad o una tragedia. Dedique tiempo para orar por esas situaciones.

LECCIÓN BÍBLICA

1. Que empiece el juicio (22:22-23:11)

Como el Israel de aquel entonces era un territorio ocupado había un doble sistema de justicia. Israel mismo era una teocracia (un país gobernado por Dios y los líderes religiosos) dependía de un sistema dirigido por el Sanedrín o Consejo, la "suprema corte" del judaísmo. Pero el poder del Consejo estaba limitado por el gobierno romano. Por ejemplo, no podían imponer legalmente la pena de muerte ni ejecutarla. El verdadero poder en Israel radicaba en el ejército romano y en el sistema de justicia romano.

Después que arrestaron a Pablo estuvo bajo custodia del gobierno romano. Pero como las acusaciones eran de carácter religioso, no civiles, el primer paso fue una aparición ante el Consejo o Sanedrín.

Antes de la comparecencia de Pablo ante el Sanedrín, el comandante romano decidió interrogarlo a latigazos. Pero antes de empezar a torturarlo, Pablo le dijo al soldado que él era ciudadano romano. Latiguear a un ciudadano romano era ilegal. ¿Le habrá informado Pablo al soldado sobre su ciudadanía por miedo a ser azotado? Si no, ¿cuál sería la razón?

El comportamiento de Pablo ante el Consejo les ha dado a los eruditos muchos dolores de cabeza. Primero, se dirigió al grupo como "padres y hermanos" (22:1). Esto hubiera sido considerado en aquel tiempo como una falta de respeto. ¿Por qué crees que Pablo lo hizo?, La respuesta de Pablo al sumo sacerdote (v. 3) es muy dura. ¿Por qué respondió Pablo de este modo? (v 4-5).

Una de las mayores causas de desacuerdo entre los saduceos y los fariseos (los dos grupos que conformaban el Consejo) era la resurrección de los muertos. Los saduceos creían que cuando una persona moría, eso era todo. Pero los fariseos creían en la resurrección y la vida después de la muerte. Hay quienes creen que cuando Pablo mencionó el tema de la resurrección sencillamente estaba tratando de desviar la atención de su caso y dividir al Consejo. ¿Crees que eso era lo que trataba de hacer?

2. La trama se enreda (23:12-35)

Aunque Pablo estaba bajo custodia romana, los judíos todavía tramaban algo.

*Lea junto a los niños esta sección y respondan las preguntas:

1. ¿Por qué crees que los 40 hombres (v. 12-13) estaban tan decididos a matar a Pablo?

2. ¿Crees que el hecho de que el sobrino de Pablo estuviera casualmente en Jerusalén y casualmente se enterara de la conspiración haya sido coincidencia o sería obra de Dios?

3. La cabecera del gobierno romano en Israel estaba en Cesárea, a poco más de 96 kilómetros de Jerusalén. El comandante romano, quien seguramente estaba harto del asunto, envió a Pablo allá para que atendieran su caso.

Lee la carta que le manda a Félix, el gobernador romano, en los versículos 26-30. ¿Le cuenta el soldado toda la verdad?

ACTIVIDADES SUGERIDAS

*Continúen con el glosario de palabras relacionadas a nuestra fe.

*Añada al listado, los personajes, lugares y objetos que aparecen en esta lección.

*Realice los juegos relacionados a esta lección, última hora y ayuda a los misioneros.

PREGUNTAS

1. ¿Qué tenía Pablo de nacimiento? (22:25-28)
   R/La ciudadanía romana.

2. ¿Qué ha hecho Pablo con toda buena conciencia? (23:1)
   R/ Ha actuado delante de Dios hasta hoy

3. ¿Quién ordenó a los que estaban junto a él que golpeasen a Pablo en la boca? (23:2)
   R/ El sumo sacerdote Ananías

4. De acuerdo con Hechos 23:6 ¿qué sabía Pablo?
   R/ Que una parte del consejo era de saduceos y otra de fariseos

5. De acuerdo con Hechos 23:13, ¿cuántos hombres estaban implicados en la conspiración?
   R/ Más de cuarenta

6. ¿Dónde entró el hijo de la hermana de Pablo cuando oyó hablar de la emboscada? (23:16)
   R/ Al cuartel (y avisó a Pablo).

7. ¿A dónde envió el comandante Claudio Lisias a Pablo acompañado de un destacamento? (23:23-35)
   R/a Cesárea, con el gobernador Félix.

EL TESTIMONIO VIVIENTE DE PABLO

Lección 19

PASAJE BÍBLICO: Hechos 24, 25, 26

VERSÍCULO CLAVE: En todo esto procuro conservar siempre limpia mi conciencia delante de Dios y de los hombres. (Hechos 24:16)

OBJETIVOS DE ENSEÑANZA Ayudar a los niños a:

1. Dar testimonio de la obra de Dios en sus vidas.

2. Entender la importancia de tener la conciencia limpia.

COMENTARIO BÍBLICO

Festo era el gobernador romano de Judea y administraba la ley romana. Ya que recién había sido asignado, Festo pidió la ayuda del rey Agripa y la reina Berenice, hermana de Agripa, para dar un informe más fidedigno acerca de Pablo a César. Festo esperaba liberarse de responsabilidad al apelar a Agripa.

El testimonio de Pablo al rey Agripa incluyó la declaración de Jesús (en el camino a Damasco): "Dura cosa te es dar coces contra el aguijón" (26:14). Los pastores usaban palos con puntas afiladas, llamadas aguijones, para dirigir al ganado en la dirección correcta. Por tanto, el dicho que Pablo citó hablaba de la resistencia inútil. El animal que se resistía sólo acababa lastimándose a sí mismo. Antes de su conversión, Pablo peleó contra Dios. Él reconoció que realmente fue en su detrimento resistirse a Dios. Él cambió su forma de pensar y comenzó a servir a Jesús en vez de perseguirlo.

Cuando Festo interrumpió el discurso de Pablo en 26:24, esto ayudó a enfatizar el último punto de Pablo: la resurrección de Jesús. La esperanza en la resurrección es lo que inspiraba a Pablo a predicar las buenas nuevas a los gentiles, lo cual trastornó la tradición judía establecida. Festo pensaba que la creencia de Pablo en la resurrección era una locura.

Agripa vio que el conflicto de Pablo con los judíos era religioso, ajeno a los asuntos legales de Roma. Pablo había apelado su caso al emperador romano. De lo contrario, Agripa y Festo hubieran podido liberarlo.

El viaje de Pablo estaba por terminar. Él comenzó en Jerusalén y propagó el evangelio por toda la provincia de Judea. En el camino, proclamó la historia del Jesús resucitado a reyes y emperadores. Con el tiempo llegó a predicar en Roma, el centro del mundo antiguo, y después hasta lo último de la tierra.

PALABRAS RELACIONADAS CON NUESTRA FE

Judea — Patria de los israelitas. Poco antes del tiempo de Jesús, los romanos la conquistaron y la hicieron parte de su imperio.

ACTIVIDAD DE APERTURA

Para esta actividad necesitará lo siguiente:

• Pizarra y tiza o pizarra blanca y marcadores Antes de la clase, escriba en la pizarra las palabras de Hechos 4:20. Escriba también esta oración: "Voy a Roma y llevaré _____".

En la clase, diga: En la lección de hoy, Pablo le habló al rey Agripa. Agripa vio que Pablo no había violado las leyes romanas. Sin embargo, Pablo había apelado a César. Así que debía ir a Roma, la capital del imperio, para presentar su caso allí. Hagamos un viaje de juego. Piensen en algo que llevarían si planearan ir a una ciudad grande como Roma. Cada uno dirá: "Voy a Roma y llevaré _____". Digan lo que llevarán. Pero, deben escuchar atentamente y recordar lo que cada persona diga que llevará.

Cuando todos hayan tenido su turno, pida que un voluntario repita lo que todos dijeron. Por ejemplo, el voluntario podría decir: "Voy a Roma y llevaré _____. María va a Roma y llevará _____. Juan va a Roma y llevará _____".

Otra versión del juego presenta un mayor desafío. La primera persona dice: "Voy a Roma y llevaré _____". La segunda dice: "(nombre del primer niño) va a Roma y llevará _____. Voy a Roma y llevaré _____". El tercer niño repite los nombres y objetos de los primeros dos, y luego dice su nombre y su objeto. El último niño repite los nombres de todos y todos los objetos. Diga: Dondequiera que vayan – sea a Roma o cualquier otro lugar - Dios va con ustedes. Dondequiera que vayan, Dios quiere que hablen a otros acerca de su amor y acerca de su Hijo, Jesús. Lean juntos Hechos 4:20

LECCIÓN BÍBLICA

1. El juicio ante Félix (24:1-27)

Después de que Pablo había estado en Cesárea cinco días, los líderes judíos finalmente llegaron, con un abogado. Sin duda habían preparado con tiempo su caso.

Lee este capítulo y contesta lo siguiente:

1. ¿Cuáles eran las acusaciones que Tértulo, el abogado, presentó contra Pablo?

2. ¿Cómo contestó Pablo a las acusaciones?

3. Seguramente Félix sabía que Pablo era inocente pero no quería problemas con los líderes judíos. ¿Con qué pretexto terminó el juicio?

4. ¿Cuál fue el resultado de la reunión privada de Félix y su esposa, Drusila, con Pablo?

2. El juicio ante Festo (25:1-12)

En el último versículo del capítulo 24 vemos que Pablo se quedó en la cárcel por dos años hasta que Félix fue reemplazado por Festo como gobernador. Tan pronto como Festo llegó a la escena, los líderes judíos le instaron para que hiciera algo con Pablo.

Lee estos versículos y contesta las preguntas:

1. ¿Por qué crees que los líderes judíos todavía estaban ansiosos por matar a Pablo, después de dos años?

2. ¿Por qué Pablo no quería ir a Jerusalén para su juicio?

3. Los versículos 11 y 12 son otro ejemplo de un presagio. Lee de nuevo 23:11. ¿Cómo se está desarrollando el plan de Dios?

3. Festo va más arriba (25:13-27)

Pocos días después, el jefe de Festo, el rey Agripa, llegó a Cesárea. Festo, obviamente sin saber qué hacer en cuanto a Pablo, decidió discutir el caso con Agripa.

Lee estos versículos y contesta lo siguiente:

1. ¿Por qué crees que las autoridades romanas tenían tantos problemas para decidir qué hacer con Pablo?

2. ¿Crees que Festo resumió con justicia el caso de Pablo ante Agripa?

3. ¿Por qué Festo llevó a Pablo ante Agripa?

4. El juicio ante Agripa (26:1-32)

Otra vez se le pide a Pablo que responda a las acusaciones que se le hacen, esta vez ante el rey Agripa.

Lee los versículos y contesta las preguntas:

1. ¿Por qué interrumpió Festo a Pablo?

2. ¿Crees que había alguna oportunidad de que Pablo convenciera a Agripa de ser cristiano?

3. Agripa le dijo a Festo, "Se podría poner en libertad a este hombre si no hubiera apelado al emperador" (v. 32). Algunos eruditos creen que Pablo cometió un error al hacer esa apelación. ¿Tú qué crees?

ACTIVIDADES SUGERIDAS

*Continúen con el glosario de palabras relacionadas a nuestra fe.

*Añada al listado, los personajes, lugares y objetos que aparecen en esta lección.

*Realice los juegos relacionados a esta lección, dime el personaje y última hora.

PREGUNTAS

1. ¿Qué le rogó Tértulo a Félix? (24:4)
   R/Que los oyera brevemente con la bondad que lo caracteriza.

2. Según Tértulo ¿Quién era cabecilla de la secta de los Nazarenos? (24:5)
   R/ Pablo

3. De acuerdo a Hechos 24:6 ¿Qué intentó profanar Pablo?
   R/ El templo

4. De acuerdo a Hechos 25:2 ¿Quiénes presentaron sus acusaciones contra Pablo?
   R/Los principales sacerdotes y los más influyentes de los judíos.

5. ¿Qué no había cometido Pablo contra la ley de los judíos? (25:8)
   R/ Ninguna falta

6. ¿Quién le dio permiso a Pablo de defenderse? (26:1)
   R/ Agripa

7. De acuerdo a Hechos 26:27 ¿Qué le constaba a Pablo?
   R/ Que Agripa creía en los profetas.

FE EN MEDIO DE LA TORMENTA

Lección 20

PASAJE BÍBLICO: Hechos 27 – 28:1

VERSÍCULO CLAVE: Anoche se me apareció un ángel del Dios a quien pertenezco y a quien sirvo, y me dijo: "No tengas miedo, Pablo" (Hechos 27:23-24a)

OBJETIVOS DE ENSEÑANZA Ayudar a los niños a:

1. Dios quiere que pongamos nuestra esperanza en él.

2. Entender que el héroe de esta historia es Dios.

COMENTARIO BÍBLICO

La historia del viaje por mar de Pablo a Roma es similar a muchas otras en la literatura griega. Es el resultado de obediencia y sumisión, lo contrario al viaje de Jonás en el Antiguo Testamento. La desobediencia de Jonás puso en peligro la vida de todas las personas en el barco. La obediencia de Pablo salvó la vida de sus compañeros.

La fuerza de la naturaleza, fuera del control de los marineros, causó daños a la nave. Debido a la tempestad, no tenían la guía de las estrellas o el sol para navegar. Los diestros marineros intentaron por lo menos cuatro métodos para salvar la nave. Primero, recogieron el esquife. Segundo, usaron refuerzos para amarrar la nave. Después arriaron las velas. Por último, arrojaron carga por la borda. A pesar de eso, la tempestad continuó arremetiendo la nave. Los marineros perdieron toda esperanza.

Pablo animó a sus compañeros contándoles el mensaje del ángel, de que ninguno de ellos moriría. Mostró gran fe cuando proclamó la profecía del ángel a la tripulación. Pablo animó a sus compañeros durante la furia de la tormenta. Es alentador saber que Dios puede darnos paz cuando experimentamos caos en la vida.

PALABRAS RELACIONADAS CON NUESTRA FE

Ángel — Un mensajero sobrenatural de Dios.

ACTIVIDAD DE APERTURA

Para esta actividad necesitará lo siguiente:

• Un adulto para que relate la historia del naufragio en forma dramatizada

• Cinta adhesiva de papel para crear en el suelo la silueta de un barco grande

• Algún tipo de botella para rociar agua a los niños durante la tempestad

• Un ventilador para crear algo de viento Antes de la clase, use la cinta adhesiva para hacer en el piso la silueta de un barco grande. Hágalo lo suficientemente grande para que toda la clase se siente dentro de él. Pida a un adulto que relate la historia del naufragio en forma dramatizada. Pida a alguien que esté listo para encender el ventilador a fin de crear el viento en la tormenta. Pídale también que rocíe agua al aire para simular la lluvia.

En la clase, diga: *Les invito a dar un paseo en mi nave, y aquí está nuestro capitán.* Presente al voluntario. Entonces él pedirá que los niños suban al barco. Luego relatará la historia de Pablo y el naufragio. El ayudante encenderá el ventilador y ro-ciará el agua en el momento apropiado en la historia. Después de la historia, dé gracias al voluntario.

Diga: *Dios quería que Pablo fuese a Roma. Dios le dio esperanza a Pablo durante la tempestad. Luego Pablo dio esperanza a los marineros. Éstos hicieron todo lo que pudieron para salvar el barco y salvarse ellos, excepto pedir la ayuda de Dios. Pablo ayudó a los marineros a conocer a Aquel que es la verdadera fuente de esperanza. Dios salvó la vida de Pablo y la de todos los que estaban en el barco. Dios aún da esperanza a la gente hoy en medio de situaciones difíciles.*

LECCIÓN BÍBLICA

Pablo parte hacia Roma (27:1-12)

Finalmente, el viaje para llevar a Pablo a Roma estaba listo. Él junto con otros prisioneros estaba a cargo de un soldado romano llamado Julio. El viaje estuvo lleno de problemas desde el principio porque partieron ya muy entrado el año, con el invierno casi encima. Mientras lees, ten en mente que estos eventos ocurrieron casi 2 mil años atrás, antes de cualquier equipo de navegación moderno, sin equipo de pronóstico del tiempo y sin buques de altamar. El grupo viajaba en una barca de madera, guiado por las estrellas y empujado por el viento.

Lee estos versículos y contesta lo siguiente:

1. ¿Qué nos dice el versículo 3 sobre el comandante romano julio?

2. Es interesante que Pablo fuera probablemente el viajero más experimentado en esa nave. ¿Crees que su advertencia en el versículo 10 fue el resultado de una dirección divina o del conocimiento humano?

1. Un viaje traumático (27:13—28:10)

De Buenos Puertos, donde habían llegado y donde Pablo les instó a pasar el invierno, la nave partió para otro puerto de la misma isla de Creta. Sin embargo, una tormenta los llevó mar adentro. Lucas describe los siguientes eventos como testigo ocular (observa que como narrador ahora usa el "nosotros").

Lee el pasaje y contesta las preguntas:

1. Cuando la situación se volvió muy seria y los pasajeros perdieron toda esperanza de salvarse (v. 20), Pablo empezó a tomar el control de las operaciones en la nave. En el versículo 21 el apóstol les recuerda que no estarían en esa situación si hubieran escuchado su consejo en Buenos Puertos. ¿Por qué crees que lo hizo?

2. Fíjate en la frase de Pablo en el versículo 23:" a quien pertenezco y a quien sirvo". ¿Qué nos dice esto de Pablo? 3. ¿Por qué crees que los soldados romanos siguieron las órdenes de Pablo en el versículo 31?

4. En los versículos 42-43 leemos que Julio perdonó las vidas de los prisioneros por salvar la de Pablo. ¿Por qué lo haría?

5. ¿En qué se asemeja la estadía de Pablo en la isla de Malta a sus viajes misioneros previos?

ACTIVIDADES SUGERIDAS

*Continúen con el glosario de palabras relacionadas a nuestra fe.

*Añada al listado, los personajes, lugares y objetos que aparecen en esta lección.

*Realice los juegos relacionados a esta lección, Dime el personaje, Geografía bíblica, baúl de los recuerdos, cartón lleno, reventazón, el naufragio, conteste y dibuje, dígalo con mímica, dramatización y última hora.

PREGUNTAS

1. ¿Quién pertenecía al batallón imperial? (27:1)
   R/Un centurión llamado Julio.

2. ¿Qué permitió Julio con mucha amabilidad en Sidón? (27:3)
   R/ Que Pablo visitara a sus amigos para que le atendieran.

3. ¿Para dónde iba el barco de Alejandría? (27:6)
   R/ Para Italia.

4. De acuerdo con Hechos 27:12 ¿Dónde querían pasar el invierno?
   R/ En Fenice

5. ¿Con qué amarraron el casco del barco para reforzarlo? (27:17)
   R/ Con sogas

6. ¿Por qué perdieron Pablo y los otros tripulantes toda esperanza de salvarse? (27:20)
   R/ Porque pasaron muchos días sin que aparecieran el sol, ni las estrellas, y la tempestad seguía arreciando.

7. ¿Cuántas noches habían pasado a la deriva del mar Adriático? (27:27)
   R/ Catorce.

8. ¿Qué sucedió después de que Pablo tomó el pan, agradeció lo partió y comenzó a comer? (27:35)
   R/ Todos se animaron y también comieron.

9. ¿Cuántas personas iban en el barco? (27:37)
   R/ Doscientas setenta y seis

10. ¿Qué se prendió de la mano de Pablo? (28:3)
    R/ Una víbora que huía del calor.

11. ¿Quién era el funcionario principal de la isla de Malta? (28:7)
    R/ Publio

12. ¿A quién sanó Pablo? (28:8)
    R/ Al padre de Publio

EL FIN ES EL COMIENZO

Lección 21

PASAJE BÍBLICO: Hechos 28:11-31

VERSÍCULO CLAVE: Anoche se me apareció un ángel del Dios a quien pertenezco y a quien sirvo, y me dijo: "No tengas miedo, Pablo" (Hechos 27:23-24a)

OBJETIVOS DE ENSEÑANZA Ayudar a los niños a:

1. Dios establece y cuida su iglesia por medio de creyentes fieles.
2. Todos somos llamados a ser testigos de Dios, así como lo fue Pablo.

COMENTARIO BÍBLICO

Cuando Pablo finalmente llegó a Roma, continuó su misión de predicar la historia de Jesús. Pablo contó la historia de su arresto y juicio como introducción de su testimonio a los líderes judíos. Como en todas las ocasiones cuando Pablo habló a una audiencia judía, la reacción a su mensaje fue variada.

Pablo citó del libro de Isaías al explicar sus experiencias al contar la historia de Dios al pueblo judío. Hablando de Isaías 6:9-10, Pablo reiteró la advertencia de Dios a los judíos. Les aseguró que Dios los sanaría si humildemente elegían aceptar la invitación a ver, escuchar, entender y obedecer a Dios.

Probablemente Pablo sentía tristeza sabiendo que su pueblo no aceptó el mensaje de salvación. Sin embargo, siguió confiando en Dios y obedeciéndole. De hecho, el libro de Hechos termina con un resumen de cómo Pablo continuó predicando valientemente el mensaje de Jesús en Roma.

En la segunda mitad de Hechos leemos cómo los judíos rechazaron el evangelio y los gentiles lo aceptaron. En su libro, Lucas no dice que la misión a los judíos fue un fracaso. Algunos judíos aceptaron el mensaje de Dios. El evangelio es para todos, tanto judíos como gentiles. Hay esperanza de que todos acepten el mensaje.

Jesús es nuestra esperanza. Con el poder del Espíritu Santo, podemos proclamar valientemente este mensaje al mundo.

ACTIVIDAD DE APERTURA

Para esta actividad necesitará lo siguiente:

- Un dulce o una galleta pequeña para cada niño
- Cinco pedazos de papel
- Marcador

Antes de que la clase, compre o prepare un dulce o galleta para cada niño. Haga dos letreros: en un pedazo de papel escriba JUDÍOS, y en otro, GENTILES. En la clase, divida la clase en dos grupos: los judíos y los gentiles. Pida que un voluntario de cada grupo sostenga el letrero que hizo.

Diga: **Aquí tengo unos dulces (o galletas). ¿Debo dárselos a los judíos o a los gentiles? ¿Por qué? Permita que los niños respondan. Diga: Les daré uno a todos ustedes.**

Permita que los niños coman su dulce. Luego diga: **Cuando Pablo llegaba a una nueva ciudad, él siempre hablaba prime-ro a los judíos acerca del evangelio. Sin embargo, muchos de los judíos rehusaban creer en Jesús. Así que Pablo les predicaba el evangelio a los gentiles. Pablo comprendió que Dios quería que todos fuesen parte de su reino. Dios quiere que ustedes sean parte de su reino también.**

Haga un repaso de los pasos de salvación. Invite a los que aún no son cristianos a responder al llamado de salvación de Dios hoy. Ore con los que acepten esta invitación.

Diga: **Pablo viajó desde Jerusalén a muchas ciudades. Dondequiera que iba, predicaba de Jesús. Él cumplió lo que dice Hechos 1:8, de ir a Judea, Samaria y hasta lo último de la tierra. Ahora ustedes pue-den contar su historia dondequiera que vayan.**

LECCIÓN BÍBLICA

1. ¡Roma, al fin! (28:11-31)

Después de más de dos años bajo custodia romana en Palestina, y después de un viaje casi desastroso por el Mediterráneo, Pablo finalmente llega a Roma. El libro de los Hechos termina con una descripción de los dos años que Pablo pasó bajo custodia.

Lee estos versículos y responde lo siguiente:

1. ¿Te fijas que el versículo 15 habla de los "los hermanos de Roma"? Te acordarás que Pablo escribió la Epístola a los Romanos a la congregación cristiana allá, antes de hacer este viaje del que hemos estado leyendo. ¿Cómo crees que se sintió cuando se encontró con estos "hermanos"?

2. Uno de las primeras acciones de Pablo en Roma fue llamar a los dirigentes judíos de esa ciudad. ¿Por qué crees tú que lo haría? (Recuerda su costumbre en los viajes misioneros previos).

3. ¿Cuál fue el resultado de la predicación y enseñanza de Pablo con los judíos (v. 24-25)? ¿En qué se parece a la respuesta que Pablo tuvo de los judíos de las otras ciudades que había visitado?

4. Los versículos 16 y 30 nos permiten ver cómo vivía Pablo en Roma. Aunque se le permitía vivir en su propia casa y recibir visitantes, seguía bajo custodia (en lo que hoy llamaríamos "arresto domiciliario"). ¿Cómo reaccionaba Pablo ante esta situación?

5. Los dos años que Pablo pasó en Roma esperando en el juicio fueron años ocupados. Durante ese tiempo escribió las Epístolas a los Filipenses, Colosenses, Efesios y Filemón. Lee estas referencias en algunas de esas cartas: Efesios 6:19- 22; Filipenses 1:12-14; 4:18, 21-22; Colosenses 4:7-10; Filemón 1-25. ¿Qué piensas ahora sobre las actividades de Pablo después de haber leído estos versículos?

2. Despedida a los Hechos

¡Felicidades! Has terminado de leer uno de los libros más emocionantes del Nuevo Testamento. Pero antes de que te vayas, toma unos momentos para reflexionar sobre lo que has aprendido. Hojea las páginas de Hechos. Haz una pausa en algunos de tus pasajes favoritos. Vuelve a usar esta guía de estudio y repasa algunas de las cosas que hayas escrito. Deja que Dios te hable de nuevo por medio del libro de los Hechos. Toma unos momentos para responder estas últimas preguntas:

1. El Libro de los Hechos termina abruptamente, sin decirnos lo que le sucedió a Pablo. Recuerda que el propósito de Lucas al escribir el libro no fue contarnos una biografía de Pablo (ni de nadie más). Fue contarnos cómo la Iglesia se extendió cumpliendo la promesa de Jesús al pequeño grupo de discípulos: "Pero cuando venga el Espíritu Santo sobre ustedes, recibirán poder y serán mis testigos tanto en Jerusalén como en toda Judea y Samaria, y hasta los confines de la tierra" (1:8). ¿Qué tanto crees que Lucas logra con este propósito?

2. Pensando en la historia de la Iglesia que Lucas nos describió (desde un pequeño grupo de cristianos en Jerusalén dirigido por Pedro hasta el gran número de congregaciones esparcidas por toda Asia Menor y el este de Europa que fundó Pablo) el liderazgo del Espíritu Santo es claro e inconfundible. ¿Cómo describirías su liderazgo?

3. ¿Cuál es la lección más importante que aprendiste del Libro de los Hechos?

ACTIVIDADES SUGERIDAS

*Continúen con el glosario de palabras relacionadas a nuestra fe.

*Añada al listado, los personajes, lugares y objetos que aparecen en esta lección.

*Realice los juegos relacionados a esta lección, Baúl de los recuerdos.

PREGUNTAS

1. De acuerdo a Hechos 28:11 ¿Cuánto tiempo estuvieron en Malta?
   R/Tres meses

2. ¿Cuál fue la última parada antes de llegar a Roma? (28:13-14)
   R/ Poteoli

3. ¿Qué hacía Pablo partiendo de la ley de Moisés y de los profetas desde la mañana hasta la tarde? (28:23)
   R/ estuvo explicándoles y testificándoles acerca del reino de Dios y tratando de convencerlos respecto a Jesús

4. De acuerdo a hechos 28:28, ¿quiénes si escucharán?
   R/ Los gentiles.

5. ¿A quiénes recibía Pablo durante los dos años completos que permaneció en la casa que tenía alquilada? (28:30)
   R/ A todos los que venían a verlo y predicaba el reino de Dios y enseñaba acera del Señor Jesucristo.

ACTIVIDADES PARA ENSEÑAR EL VERSÍCULO PARA MEMORIZAR

UNA MEMORIZACIÓN DIVERTIDA

Pida a los niños que se sienten formando una línea recta. Dígales que el primer niño debe pararse, decir la primera palabra del versículo, mover animadamente las dos manos en el aire y sentarse. Luego el segundo niño debe pararse, decir la segunda palabra del versículo, mover animadamente las dos manos en el aire y sentarse. Así continuarán hasta que hayan dicho el versículo completo. Si alguien olvida una palabra o se equivoca, permita que los otros niños digan la palabra correcta. Anímelos a decir el versículo rápidamente de modo que sus movimientos se vean como una ola.

PASEN LA BIBLIA

Necesitará una Biblia y un radio o CD de música. Pida a los niños que se sienten formando un círculo. Entregue la Biblia a un niño. Cuando empiece la música, diga a los niños que pasen la Biblia alrededor del círculo. Cuando pare la música, el niño que está sosteniendo la Biblia debe decir el versículo bíblico. Pare la música de manera que cada niño tenga oportunidad de decir el versículo.

UNA CARRERA DE MEMORIZACIÓN

Escriba cada palabra o frase del versículo en un pedazo de papel. Haga dos juegos de palabras, uno para cada equipo. Divida la clase en dos equipos. Frente a cada equipo coloque en el suelo un juego de palabras. Mezcle los papeles para que estén en desorden. Cuando dé la señal, el primer niño de cada equipo debe encontrar la primera palabra del versículo y correr a la meta. El niño pone el papel en el piso y corre a donde está el segundo jugador. Éste recoge la segunda palabra del versículo y corre con ella a la meta. Continúen hasta que un equipo complete el versículo en perfecto orden. Dé tiempo para que el segundo equipo complete su versículo. Luego pida que ambos equipos digan juntos el versículo.

EL VERSÍCULO BIBLICO EN FILA

Escriba cada palabra o frase del versículo en un pedazo de papel. Entregue a cada niño uno de esos papeles. Instruya a los niños que tienen los papeles para que se paren en diferentes lugares del salón y mantengan en alto su papel. Elija a otro alumno para que ponga a los niños en el orden correcto del versículo. Después pida que todos lean juntos el versículo.

JUEGO DE ESCONDITE PARA MEMORIZAR

Prepare papeles y escóndalos con anticipación para esta actividad. Escriba por separado cada palabra del versículo para memorizar en un pedazo de papel. Esconda cada palabra en diferentes lugares del salón. Pida a los niños que encuentren las palabras y las pongan en el orden correcto. Digan juntos el versículo para memorizar.

PÁRATE Y HABLA

Pida a los niños que se sienten formando un círculo. Indique al primer niño o niña que se pare, diga la primera palabra del versículo y se siente. El segundo niño se para, dice la segunda palabra del versículo y se sienta. Continúen hasta que completen el versículo. Anímelos a repetir el juego, pero haciéndolo más rápido que la primera vez. Permita que los niños vean qué tan rápido pueden decir el versículo.

PALABRAS QUE DESAPARECEN

Necesitará una pizarra, pizarra blanca o papel para esta actividad. Escriba el versículo para memorizar en una pizarra o pizarra blanca. Pida a los niños que repitan el versículo. Permita que un niño borre una palabra, y luego pida a los niños que repitan el versículo (incluyendo la palabra que desapareció). Continúen hasta que desaparezcan todas las palabras y los niños digan todo el versículo de memoria. Si no tiene pizarra o pizarra blanca, escriba por separado cada palabra del versículo en un pedazo de papel, y pida a los niños que quiten una palabra a la vez.

LISTA DE TEXTOS A MEMORIZAR

Texto	Cita	Texto	Cita
Pero, cuando venga el Espíritu Santo sobre ustedes, recibirán poder y serán mis testigos tanto en Jerusalén como en toda Judea y Samaria, y hasta los confines de la tierra.	Hechos 1:8	Entonces Pedro volvió en sí y se dijo: «Ahora estoy completamente seguro de que el Señor ha enviado a su ángel para librarme del poder de Herodes y de todo lo que el pueblo judío esperaba»	Hechos 12:11
Se mantenían firmes en la enseñanza de los apóstoles, en la comunión, en el partimiento del pan y en la oración.	Hechos 2:42	fortaleciendo a los discípulos y animándolos a perseverar en la fe. «Es necesario pasar por muchas dificultades para entrar en el reino de Dios», les decían.	Hechos 14:22
vendían sus propiedades y posesiones, y compartían sus bienes entre sí según la necesidad de cada uno.	Hechos 2:45	Dios, que conoce el corazón humano, mostró que los aceptaba dándoles el Espíritu Santo, lo mismo que a nosotros.	Hechos 15:8
—No tengo plata ni oro —declaró Pedro—, pero lo que tengo te doy. En el nombre de Jesucristo de Nazaret, ¡levántate y anda!	Hechos 3:6	Cree en el Señor Jesús; así tú y tu familia serán salvos —le contestaron.	Hechos 16:31
De hecho, en ningún otro hay salvación, porque no hay bajo el cielo otro nombre dado a los hombres mediante el cual podamos ser salvos	Hechos 4:12	El Dios que hizo el mundo y todo lo que hay en él es Señor del cielo y de la tierra. No vive en templos construidos por hombres	Hechos 17:24
Todos los creyentes eran de un solo sentir y pensar. Nadie consideraba suya ninguna de sus posesiones, sino que las compartían	Hechos 4:32	Así la palabra del Señor crecía y se difundía con poder arrollador	Hechos 19:20
Y la palabra de Dios se difundía: el número de los discípulos aumentaba considerablemente en Jerusalén, e incluso muchos de los sacerdotes obedecían a la fe.	Hechos 6:7	Sin embargo, considero que mi vida carece de valor para mí mismo, con tal de que termine mi carrera y lleve a cabo el servicio que me ha encomendado el Señor Jesús, que es el de dar testimonio del evangelio de la gracia de Dios	Hechos 20:24
Los que se habían dispersado predicaban la palabra por dondequiera que iban. 5 Felipe bajó a una ciudad de Samaria y les anunciaba al Mesías	Hechos 8:4-5	Tú le serás testigo ante toda persona de lo que has visto y oído.	Hechos 22:15
¡Ve! —insistió el Señor—, porque ese hombre es mi instrumento escogido para dar a conocer mi nombre tanto a las naciones y a sus reyes como al pueblo de Israel.	Hechos 9:15	A la noche siguiente el Señor se apareció a Pablo, y le dijo: «¡Ánimo! Así como has dado testimonio de mí en Jerusalén, es necesario que lo des también en Roma».	Hechos 23:11
Él y toda su familia eran devotos y temerosos de Dios. Realizaba muchas obras de beneficencia para el pueblo de Israel y oraba a Dios constantemente.	Hechos 10:2	En todo esto procuro conservar siempre limpia mi conciencia delante de Dios y de los hombres.	Hechos 24:16
Pedro tomó la palabra, y dijo:—Ahora comprendo que en realidad para Dios no hay favoritismos.	Hechos 10:34	Anoche se me apareció un ángel del Dios a quien pertenezco y a quien sirvo, 24 y me dijo: "No tengas miedo, Pablo.	Hechos 27:23-24a

CERTIFICADO DE CULMINACIÓN DE ESTUDIOS

Presentado a:

_____

Nombre

Felicitaciones por haber culminado con éxito el
Estudio Bíblico para Niños: HECHOS

Maestro/a

Fecha: _____

_____

PREMIO A LA EXCELENCIA

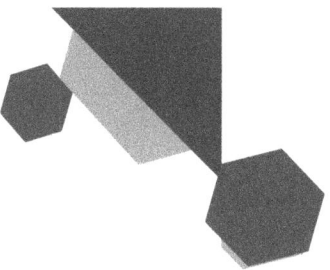

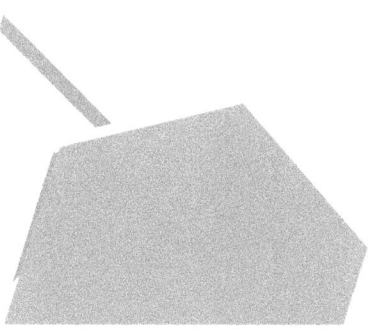

Presentado a:

_____

¡Muy Bien! Reconocemos tu desempeño excepcional en el
Estudio Bíblico para Niños: HECHOS

Lugar:

_____

Maestro/a

GUÍA PARA LA MODALIDAD DE ESGRIMA BÍBLICO CON JUEGOS Y ACTIVIDADES

¿QUÉ ES EL MEBI?

Misión	Visión	Valores
ᴐᴘᴀᴦᴀᴦ a ᴌᴏᴄ ᴨᴉᴨᴏᴄ/ ᴀᴄ ᴄᴏᴍ ípulos de Jesús estudiand ᴇsorando la Palabra en su corazones.	ᴄᴇᴦ ᴀᴨ ᴍᴇᴅᴉᴏ ᴇᴨᴄᴀᴈ ᴀᴇ evangelismo y una herramienta dinámica de discipulado.	ᴀᴍᴏᴦ Tolerancia Trabajo en equipo

Basados en un principio lúdico (aprender jugando), el Ministerio de Esgrima Bíblico Infantil o MEBI por sus siglas, es parte del quehacer de Escuela Dominical como una herramienta de discipulado para las iglesias locales; le invitamos a conocer el planteamiento dinámico y atractivo de este ministerio el cual permite que los niños/as y demás personas que participan atesoren con mayor fuerza y profundidad el contenido bíblico estudiado.

Creemos firmemente que "instruir al niño en su camino" (Proverbios 22:6) es un mandato apremiante que el Señor nos da, especialmente en nuestras sociedades tan convulsionadas, en las que fácilmente nuestros niños están muriendo –literal y espiritualmente. Confiamos que conforme a esta enseñanza vivencial del MEBI, los niños "no se apartarán del camino correcto" aun cuando dejen su infancia atrás.

¿CUÁL ES SU ORGANIZACIÓN?

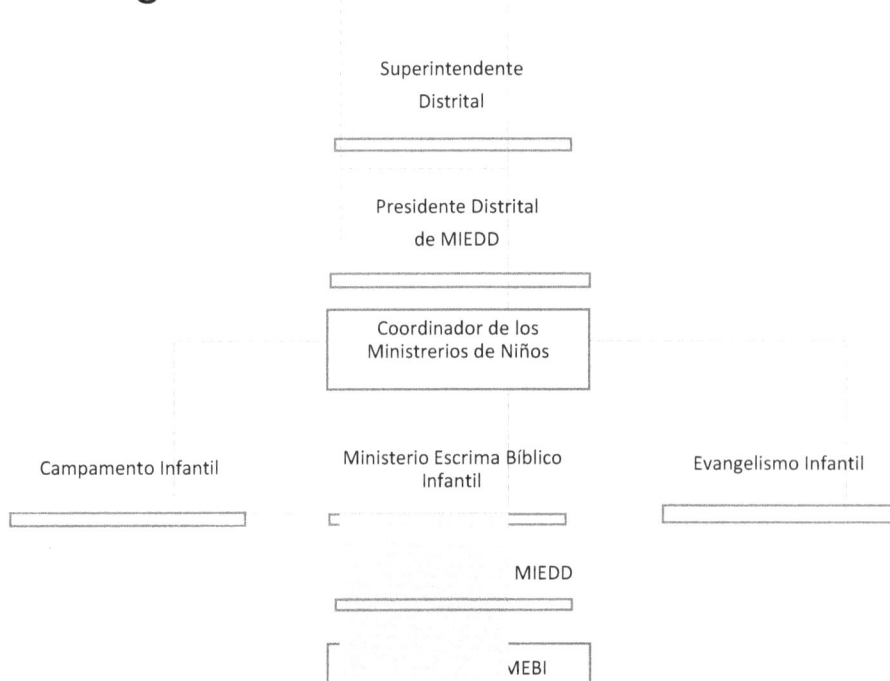

Superintendente
Distrital

Presidente Distrital
de MIEDD

Coordinador de los
Ministrerios de Niños

Campamento Infantil   Ministerio Escrima Bíblico Infantil   Evangelismo Infantil

MIEDD

MEBI

¿QUÉ RECURSOS ESTÁN DISPONIBLES PARA MEBI?

La biblia, es el recurso más importante, debe tomar en cuenta la versión, para este año se ha seleccionado la Nueva Versión Internacional, pues su lenguaje es sencillo y facilita la comprensión de los niños. Se utilizará para lectura, memorización de textos, palabras específicas, etc.

Usted también puede visitar la página de la región donde encontrará este y otros recursos para trabajar con niños y para otros ministerios de la iglesia.

www.MieddRecursos.MesoamericaRegion.org

Guía del coach, Lecciones y Preguntas, Juegos y Actividades es un libro que contiene lecciones del libro de estudio, en este caso de hechos. Le brinda ideas para desarrollar lecciones con los niños/as, dinámicas de aprendizaje, herramientas para memorizar textos, preguntas de nivel básico y avanzado.

Guía del niño, Juegos y Actividades, es un libro de trabajo para que cada miembro del equipo pueda trabajar en él, de esta manera afianzará más el aprendizaje.

Mapa, este mapa le facilitará el proceso de enseñanza – aprendizaje, permite a los niños/as una mayor comprensión de los eventos.

¿CÓMO FORMO UN EQUIPO EN MI IGLESIA LOCAL?

Presidente local de MIEDD, debe adquirir el material que esta disponible para MEBI, seleccionar a un hermano/a que sea servicial, dinámico y que ame la labor con niños para que trabaje como coach del equipo.	**Coach**, su función es preparar al equipo, motivándoles a estudiar la Palabra, dando o coordinando las lecciones bíblicas, actividades de aprendizaje de los juegos, debe acompañar al equipo a todas las demostraciones que organice el distrito, etc.	**Equipo**, estará formado por un máximo de 10 niños/as en edades de 7 a 11 años (pueden ser menores, aunque lo conveniente es que ya puedan leer y escribir).

¿CÓMO PREPARO A LOS NIÑOS?

Debe establecerse un tiempo de ensayo y estudio con el equipo. El estudio debe considerar el tema asignado para el esgrima bíblico.

Para estudiar mejor el tema puede dividirse en capítulos o en eventos específicos, para ello utilice la guía del coach lecciones y preguntas las cuales le guiarán en este proceso. Inicie con la lectura de eventos, discútalos haciendo preguntas de memoria sobre situaciones, personajes, lugares y nombres. Explique datos que motiven la curiosidad del equipo en cuanto a costumbres, significado de objetos o ritos y otras características interesantes que complementen y aclaren el texto y contexto leído. Elabore listados de palabras, nombres, lugares, objetos, animales. Averigüe en cuáles otros libros de la Biblia se mencionan los personajes principales. Haga que los niños memoricen exactamente los textos principales. Ayude a los niños a memorizar eventos y secuencias de las historias, en forma no textual, así lo podrán relatar lo más completo posible. Es necesario ayudarles a recordar datos importantes. Guiarlos para que descubran individualmente y en equipo la enseñanza de Dios para su vida y realicen los juegos que tengan relación con la lección estudiada.

ESTA GUÍA DE ESTUDIO PUEDE AYUDAR EN LOS SIGUIENTES TEMAS:

- ¿Cómo surge este(os) personaje(s)?
- ¿Con quiénes se relaciona?
- ¿Dónde se desarrolla la historia?
- ¿Cómo obra Dios en sus vidas?
- ¿Cuál es el motivo por el cual se encuentra esta historia en la Biblia?
- ¿Cómo se relaciona este pasaje a Cristo y por ende a la salvación?
- Toma cada historia y tráela al tiempo actual. ¿Cómo lo harías?
- ¿Qué valores se encuentran en la historia?
- ¿Qué lugares se mencionan? Ubícalos en un mapa.
- ¿Cómo son los personajes?
- ¿Qué características tienen?
- ¿Qué cosas se destacaban en la cultura y se necesitan investigar (animales, artesanías, ritos o costumbres)?

ADEMÁS:

- Invite a maestros de Escuela Dominical y/o personas que tengan estudios teológicos para que impartan lecciones respecto al tema y aclaren dudas.
- Motive a los hermanos de la iglesia para que apoyen al equipo, en la composición de la letra y música del canto, porra, poema, distintivo y en los ensayos.
- Practique cada juego únicamente después de haber estudiado y aclarado el tema considerablemente.
- Recuerde que es importante establecer las habilidades en las que mejor se desenvuelve el niño/a.

CADA EQUIPO DEBE PREPARAR:

Un nombre para el equipo el cual deberá estar basado en el tema de estudio, se debe presentar de forma creativa y tendrá un valor de 10 puntos.

Un distintivo algo que identifique al equipo, puede ser una playera, una gorra, un uniforme, etc. la presentación de su distintivo y el distintivo como tal tendrán un valor de 10 puntos.

Una mascota de preferencia debe ser un animalito que esté relacionado con el tema del estudio y que contenga una enseñanza bíblica, el disfraz debe ser creativo y la presentación de la mascota tiene un valor de 20 puntos.

Una porra, esta deberá basarse en el tema de estudio y el nombre del equipo, no debe contener palabras ni ideas ofensivas hacia los otros equipos, su duración máxima es de 1 minuto, y su presentación creativa tendrá un valor de 20 puntos.

CICLO DE ESTUDIO ANUAL

- HECHOS - 2019
- GENESIS - 2020
- ÉXODO - 2021
- JOSUÉ, JUECES Y RUT - 2022
- 1 Y 2 SAMUEL – 2023
- MATEO – 2024

OFICIALES DE UNA DEMOSTRACIÓN

Moderador, preferiblemente debe ser una persona imparcial, puede ser un invitado de otro distrito o que su iglesia local no esté participando. • Es quien elige los juegos y prepara el material para los mismos. • Dirige la demostración • Lee las instrucciones de cada categoría o juego. • Arma el equipo de jueces.	**Jueces,** deben ser imparciales, pueden ser invitados de otro distrito o que su iglesia no esté participando. Se asignará un juez a cada equipo participante, es decir, si hay 5 equipos participando, debe haber 5 jueces. • Velar porque se cumplan las reglas de cada juego. • Llevar el punteo del equipo que le correspondió. • Hacer saber al moderador cuando se infrinjan las reglas.	**Juez de tiempo**, deberá llevar el tiempo para cada demostración, dando la señal de inicio y de finalización.

NOTAS

Si ya ha trabajado con MEBI antes, notara algunos cambios, por ejemplo, hemos cambiado la palabra adiestrador por coach, pues creemos que es más apropiado.

Algunos juegos se han modificado, otros se han quitado y se agregaron juegos nuevos directamente relacionados con el tema de estudio.

Recuerde que un encuentro es una demostración, pues cada equipo demuestra cuánto han aprendido de la Palabra de Dios, se debe procurar que la competitividad sea sana y crear vínculos de amistad entre los equipos participantes.

En algunos juegos se hace el supuesto de una demostración entre dos o tres equipo, estos son únicamente ejemplos para una mayor comprensión del juego.

CATEGORÍA DE MEMORIZACIÓN

La memorización y el razonamiento son fundamentales para el aprendizaje, la repetición es una de las claves para la memorización; el objetivo de esta categoría es ayudar a los niños/as a memorizar y comprender la biblia de una forma dinámica y atractiva.

ALGUNAS TÉCNICAS DE MEMORIZACIÓN:

- Conectar y enlazar
- Asociar objetos con lugares
- Crear historias
- Enlazar palabras con números para recordar secuencias
- Dibujar mapas mentales
- Siglas, utilizando la primera letra de cada palabra
- Repetir las palabras clave
- Utilizar todos los sentidos

Para una demostración local, distrital, de zona, nacional, etc. el moderador elegirá

3 juegos de memorización

Los equipos sabrán los juegos que se realizarán únicamente hasta el día de la demostración.

ARMA PALABRA (JUEGO NUEVO)

DESARROLLO:

1. El moderador le entrega a cada equipo una hoja con un listado de 10 consonantes a jugar, cada equipo tiene la libertad de elegir 3 vocales las cuales deben anotar en la misma hoja.
2. Al dar la señal de inicio, deberán armar la mayor cantidad de palabras con el listado de letras que poseen, todas las palabras deben tener relación con el tema de estudio.
3. Al terminar el tiempo, el juez hace la revisión y el conteo y les otorga 5 puntos por cada palabra correcta.

CONSULTAS:

Se permite la consulta únicamente entre los 3 participantes de cada equipo.

INFRACCIÓN:

Si los participantes consultan con el coach o con los niños del equipo, el juez lo indica y se les descuenta el valor de una palabra.

Si el público presente dijera alguna palabra en voz alta, se les descuenta a todos los equipos el valor de una palabra.

PUNTAJE
5 puntos por palabra correcta

TIEMPO
2 minutos

PARTICIPANTES
3 por equipo

MODALIDAD
Simultaneo

MATERIALES
- Una hoja por equipo, con las consonantes a jugar.
- Un lapicero por equipo

EJEMPLO:

CONSONANTES A JUGAR:
B C D F J L M P R S

LOS NIÑOS DEL EQUIPO "PABLO" ELIGIERON LAS SIGUIENTES VOCALES:
A E O

Pedro	Dorcas
Pablo	Eneas
Padre	Marcos
Jacobo	Derbe
José	Pafos
Acéldama	Prócoro
Cárcel	Jarán
	Damasco

Los participantes del equipo Pablo, realizaron una lista de 15 palabras, el juez revisó y todas estaban correctas, por lo cual, anotan 75 puntos para su equipo.

BASTA BÍBLICO

DESARROLLO:

1. El moderador presenta una papeleta con los siguientes títulos: LETRA, NOMBRE DE PERSONA, OBJETO, ANIMAL o PLANTA, LUGAR y TOTAL.
2. El moderador exclama comenzando con la letra "A" en voz alta y luego continúa el abecedario en voz baja; un juez dirá ¡BASTA! en un momento determinado (también puede utilizar una ruleta). El moderador dirá la letra a jugar, y ahí empieza el conteo de 2 minutos para contestar.
3. El niño que termine primero su papeleta deberá decir en voz alta ¡BASTA!; los participantes de los demás equipos ya no podrán llenar más casillas.
4. Después de jugar las dos letras que se sugieren, los niños entregan sus papeletas; si hay palabras repetidas entre los otros participantes tendrán un valor de 5 puntos, si están correctas y no repetidas tienen un valor de 10 puntos.

CONSULTAS:
No se permiten.

INFRACCIÓN:
Si el juez ve que un participante sigue llenando su boleta luego de que otro participante haya dicho ¡BASTA! Se les anulan todas las casillas.

SUGERENCIA:
Jugar dos letras.

NOMBRE: Lucas Álvarez					EQUIPO: Pablo		
LETRA	NOMBRE DE PERSONA	punteo	OBJETO, ANIMAL O PLANTA	punteo	LUGAR	punteo	TOTAL
P	Pablo	10	Puerta	5	Pafos	10	25
M	Matías	10	Mantos	10	Misia	10	30
						TOTAL FINAL	55

NOMBRE: Priscila Amaya					EQUIPO: Hechos que transforman		
LETRA	NOMBRE DE PERSONA	punteo	OBJETO, ANIMAL O PLANTA	punteo	LUGAR	punteo	TOTAL
P	Priscila	10	Puerta	5	Panfilia	10	25
A	María	10	Madero	10	------	0	20
						TOTAL FINAL	45

AVANZA (JUEGO NUEVO)

DESARROLLO:

1. El moderador sortea el orden en el que participan los equipos y se van colocando delante de sus tres aros (ula ula).
2. El primer participante debe decir un texto del listado de textos a memorizar, lo debe hacer de forma literal; si es correcto, el moderador lo indica y el participante avanza hacia el primer aro.
3. El siguiente participante debe recitar otro texto; la dificultad consiste en que no puede recitar un texto que ya haya sido enunciado por otro participante, en caso de que esto suceda, el niño o niña no podrá avanzar.

Si durante los primeros 30 segundos el niño o niña no empieza a decir su texto, pierde la oportunidad y no avanza.

Dependiendo de los aros que avance es el punteo que recibe.

CONSULTAS:

No se permiten.

INFRACCIÓN:

Si el público dice una parte del texto o la cita en voz alta o si el niño o niña consulta con su coach o equipo, se descalifica y se anula su participación en este juego.

SUGERENCIA:

Si fueran muchos equipos participando, se puede reducir a 2 aros por equipo.

PUNTAJE

10 puntos por texto correcto

TIEMPO

30 segundos para empezar

PARTICIPANTES

1 por equipo

MODALIDAD

Un equipo a la vez de forma alternada

MATERIALES

- Tres aros (ula ula) por equipo.
- El juez deberá tener la lista de textos a memorizar.

EJEMPLO:

Isabel del equipo "Pablo" recitó correctamente un versículo, anota 10 puntos para su equipo

Javier del equipo "misioneros de Jesús" recito otro versículo anota 10 puntos para su equipo

Camila del equipo "hechos que transforman" avanzó 1 aro, anota 10 puntos para su equipo

Isabel del equipo "Pablo" logro avanzar 2 aros, anota 20 puntos para su equipo

Javier del equipo "misioneros de Jesús" avanzó los 3 aros, por lo tanto, anota 30 puntos para su equipo

Camila del equipo "hechos que transforman" avanzó 3 aros, anota 30 puntos para su equipo

COMPLETAR

DESARROLLO: (este juego se basa en el juego "ahorcado")

1. El moderador sortea el orden de participación.
2. El participante 1 elige al azar un sobre, el moderador únicamente le lee la categoría relacionada con la palabra, por ejemplo: Personajes, lugares, enseñanzas, objetos, oficios, características, etc.
3. Se colocan en una pizarra o cartulina tantos espacios como letras tenga la palabra a descubrir.
4. El participante debe ir mencionando letras para completar la palabra. Cuenta con 5 segundos para dar una letra. Si se pasa de este tiempo sin decir la letra es considerada error. Si acierta con la letra correcta, ésta se escribe tantas veces como aparezca en la palabra. Si no acierta, se considera error y la letra es anotada a la vista del participante como ayuda para no repetirla. Si al llenar ciertos espacios descubre la palabra, puede decirla; si ésta no fuere la correcta se considera como error. El participante tiene cinco oportunidades de error. Estas oportunidades se visualizan con el dibujo de 5 piezas para armar, las que se colocan una a una cada vez que se incurra en un error. Si el participante no descubre la palabra, al finalizar estas oportunidades, el dibujo se completa y el moderador dice la palabra por lo que el equipo no obtiene puntos.

CONSULTAS:
No se permiten.

INFRACCIÓN:
Si el niño o niña consulta con el coach o el equipo, o el público presente dice en voz alta alguna letra o la palabra, el juez lo indica al moderador y éste anula la palabra a completar, dándole otra si es la primera vez. Si en la segunda oportunidad se repite esta infracción, se anuncia la reincidencia y se anula la palabra a completar, eliminando con ello su participación en este juego únicamente.

SUGERENCIA:
En una competencia sería preferible utilizar una sola categoría y que todas las palabras tengan el mismo número de letras.

PUNTAJE
20 puntos

TIEMPO
5 minutos

PARTICIPANTES
1 por equipo

MODALIDAD
Un equipo a la vez

MATERIALES
- Pizarra o cartulina y marcadores
- Sobres con el nombre de la categoría y la palabra a completar. Uno por equipo y algunos extras.
- Una figura dividida en 5 piezas

EJEMPLO: La categoría es "LUGARES" y la palabra a completar es "SALAMINA"

_ _ _ _ _ _ _ _

El participante menciona la vocal "A" la cual se encuentra en la palabra, por lo que el moderador procede a colocar la letra las veces que aparezca en la palabra.

_ A _ A _ _ _ A

El participante menciona la consonante "M" la cual se encuentra en la palabra, por lo que el moderador procede a colocar la letra las veces que aparezca en la palabra.

_ A _ A M _ _ A

El participante menciona la consonante "R" la cual NO se encuentra en la palabra, por lo que el moderador procede a colocar la letra a un lado de la palabra para que el participante no la repita; también añade una pieza al dibujo.

_ A _ A M _ _ A   R

El juego termina cuando el niño/niña complete la palabra, entonces ganará los 20 puntos para su equipo, o si completa primero el dibujo (5 errores) entonces no ganará ningún punteo.

PERSONAJES					
1	2	3	4	5	6
P	E	D	R	O	
P	A	B	L	O	
L	I	D	I	A	
E	N	E	A	S	
S	I	L	A	S	
E	L	I	M	A	S
F	E	L	I	P	E
D	O	R	C	A	S
A	Q	U	I	L	A
M	A	T	I	A	S
S	E	R	G	I	O

LUGARES							
1	2	3	4	5	6	7	8
C	E	S	A	R	E	A	
F	I	L	I	P	O	S	
D	A	M	A	S	C	O	
G	A	L	A	C	I	A	
B	I	T	I	N	I	A	
C	O	R	I	N	T	O	
P	E	R	G	A	M	O	
C	I	L	I	C	I	A	
N	E	A	P	O	L	I	S
P	A	N	F	I	L	I	A
S	E	L	E	U	C	I	A

OBJETOS Y ANIMALES						
1	2	3	4	5	6	7
A	N	C	L	A		
B	A	R	C	O		
N	U	B	E	S		
P	A	N	E	S		
T	O	R	O	S		
T	E	L	A	S		
P	L	A	T	A		
T	I	E	N	D	A	S
V	E	N	T	A	N	A
C	A	D	E	N	A	S
M	O	N	E	D	A	S

CRUCIGRAMA

DESARROLLO:

1. A cada equipo se le entrega un crucigrama de 6 u 8 preguntas (el mismo crucigrama para todos los equipos).
2. Al dar la señal de inicio, los equipos tienen cinco minutos para contestarlo. Los equipos deben entregar su crucigrama en ese tiempo. Al finalizar los cinco minutos, si no han terminado, se otorga la puntuación a las respuestas correctas. Esto quiere decir 10 puntos por respuesta correcta.

CONSULTAS:

La consulta es permitida solamente entre los 3 participantes del equipo.

INFRACCIÓN:

Si hubiera consulta con el coach o con los niños del equipo que no están participando, el juez lo indica al moderador y éste anula el crucigrama del equipo, eliminando con ello su participación en este juego únicamente

EJEMPLO 1:

Basado en "Pedro escapa milagrosamente de la cárcel" Hechos 12:1-19

									R (8)
C (2)	A	P (5)	A		M (4)	A (6)	N	O	
		A				N		D	
		N		P (7)		G		E	
	H (1)	E	R	O	D	E	S		
		S		R		L			
				T					
M (3)	A	R	C	O	S				
				N					

PUNTAJE

10 puntos por respuesta correcta

TIEMPO

5 minutos

PARTICIPANTES

3 por equipo

MODALIDAD

Simultaneo

MATERIALES

- Una papeleta con el mismo crucigrama para cada equipo
- Un lapicero por equipo

Horizontal:

1. ¿Quién mandó a prender a Pedro? **R/Herodes**
2. ¿Qué le dijo el Ángel a Pedro que se echara encima? **R/Capa**
3. ¿Cómo apodaban a Juan el hijo de María? **R/Marcos**
4. ¿Con qué les hizo Pedro señas de que se callaran? **R/Mano**

Vertical:

5. ¿En qué fiesta mandó Herodes a prender a Pedro? **R/Panes**
6. ¿Quién se le apareció a Pedro en la celda? **R/Ángel**
7. ¿Qué se abrió por si solo? **R/Portón**
8. ¿Cómo se llamaba la sierva que reconoció la voz de Pedro? **R/Rode**

EJEMPLO 2:

Basado en "Jesús llevado al cielo" Hechos 1:1-11

				4				
						6		
3								
	5		2					
1								

Horizontal:

1. ¿Durante cuántos días se les apareció y les habló del reino de Dios? R/_____
2. ¿Qué recibirían al llegar el Espíritu Santo? R/_____
3. ¿Quién vendrá otra vez? R/_____

Vertical:

4. ¿A quiénes les dio instrucciones por medio del Espíritu Santo? R/_____
5. ¿Con qué bautizó Juan? R/_____
6. ¿Uno de los lugares en el que serían testigos? R/_____

EJEMPLO 3:

Basado en "La conversión de Saulo" Hechos 9:1-19

			5				
	4					6	
7							
	8						
				1			
2							
3							

Horizontal:

1. ¿Qué oyó Saulo? R/_____
2. ¿Cómo quedó Saulo? R/_____
3. ¿A quién llamó el Señor en una visión? R/_____
4. ¿A qué era similar lo que cayó de los ojos de Saulo? R/_____

Vertical:

5. ¿Hacia dónde se dirigía Saulo? R/_____
6. ¿Quién cayó al suelo? R/_____
7. ¿Cómo se llamaba la calle donde estaba la casa de Judas? R/_____
8. ¿Cuántos días estuvo ciego Saulo? R/_____

DIME EL PERSONAJE

DESARROLLO:

Este es un juego de adivinanzas las cuales se basan en personajes; cada adivinanza debe tener de tres a cuatro pistas sobre un personaje del libro a estudiar.

1. El moderador sortea el orden de participación, le permite a cada participante elegir un sobre al azar.
2. El moderador le lee la adivinanza al participante del primer equipo y el niño o niña tiene 1 minuto para dar la respuesta sin consultar con su compañero, si es correcta, el moderador lo indica y el juez le suma 20 puntos a su equipo. Si la respuesta no es correcta o no es contestada en el tiempo determinado, pierde su oportunidad y el moderador da la respuesta correcta, no se le otorgan puntos para el equipo.
3. Luego continua con el participante del siguiente equipo hasta que pasen todos (es decir que se alterna la participación de los equipos, con uno a la vez).

CONSULTAS:

No se permiten.

INFRACCIÓN:

Si un juez observa que alguno de los participantes consulta con su equipo o el público presente dice en voz alta alguna respuesta, lo indica al momento para que el moderador anule la pregunta y le planteé otra. Si en esta misma competencia, ya se le hubiera llamado la atención a este mismo respecto, se anula la pregunta y pierde su oportunidad.

PUNTAJE
20 puntos por respuesta correcta

TIEMPO
1 minuto

PARTICIPANTES
2 por equipo

MODALIDAD
Un equipo a la vez de forma alternada

MATERIALES
- Sobres con adivinanzas, dos por equipo y algunos extras.

EJEMPLOS DE ADIVINANZAS:

Me junto mucho con Juan, me enviaron a los samaritanos a orar por ellos para que recibieran el espíritu santo, fui muy criticado por los que defendían la circuncisión y escape milagrosamente de la cárcel, ¿quién soy?
R/ PEDRO

Estuve ciego por tres días, viajé a muchos lugares junto a Bernabé, uno de mis discípulos se llamaba Timoteo, y junto a Silas estuve en la cárcel. ¿quién soy?

R/ PABLO

Vivo en Lida, soy paralitico y llevo ocho años en cama, un día Pedro me vivistó y me dijo "Jesucristo te sana, levántate y has tu cama" ¿Quién soy?

R/ENEAS (Hechos 9)

Vivo en Cesárea y soy conocido como el italiano, mi familia y yo somos devotos y temerosos de Dios, le rendí homenaje a Pedro pero él me dijo que no lo hiciera. ¿Quién soy?

R/ CORNELIO (Hechos 10)

Me gusta adorar a Dios, soy de la ciudad de Tiatira y vendo telas de púrpura, hospedé a Pablo y a sus discípulos en mi casa, ¿quién soy?

R/ LIDIA (Hechos 16)

Somos de sentimientos muy nobles, todos los días examinamos la Palabra, enviamos a Pablo a la costa cuando los judíos vinieron hacer un alboroto. ¿Quiénes somos?

R/ LOS DE BEREA (Hechos 17)

Nos dedicamos hacer tiendas de campaña, acompañamos a Pablo en su viaje a Siria, instruimos a Apolo en el camino de Dios. ¿Quiénes somos?

R/ AQUILA Y PRISCILA (Hechos 18)

Obtengo buenos ingresos de mi oficio, hago templos de artemisa, reuní a otros obreros del ramo para oponernos a Pablo. ¿Quién soy?

R/ DEMETRIO EL PLATERO (Hechos 19)

Estaba sentando en una ventana escuchando el discurso de Pablo que se extendió hasta el amanecer, me quedé dormido y me caí desde el tercer piso. ¿Quién soy?

R/ EÚTICO (Hechos 20)

Con mi esposa Drusila mandamos a llamar a Pablo y lo escuchamos hablar de su fe en Cristo Jesús, mi sucesor fue Porcio Festo pero como quería agradar a los judíos deje preso a Pablo. ¿Quién soy?

R/ FÉLIX (Hechos 24)

Entramos con toda pompa a la sala de audiencias, acompañados por oficiales de alto rango y personas importantes de la ciudad, concluí que Pablo no merecía la muerte y lo envíe a Roma. ¿Quién soy?

R/ EL REY AGRIPA (Hechos 25)

Me entregaron a varios presos, incluido Pablo, navegamos y pasamos por una gran tempestad, cuando el barco naufrago los soldados quisieron matar a los presos, pero lo impedí para salvar la vida de Pablo, ¿Quién soy?

R/ JULIO EL CENTURIÓN (Hechos 27)

¿DÓNDE ESTABA PABLO? (JUEGO NUEVO)

DESARROLLO:

El juego consiste en que se les presenta una papeleta que contiene dos columnas, en una columna se escriben tres preguntas claves de lugares donde Pablo estuvo, en otra columna, los nombres de los lugares, los participantes deben unir mediante una flecha la pregunta clave con el lugar.

1. El moderador entrega un lapicero y una papeleta (igual para todos) las cuales serán colocadas boca abajo.
2. Al dar la señal de inicio, las deben voltear para iniciar al mismo tiempo y unir las casillas con flechas.
3. Al terminar de unir sus casillas o al terminar el tiempo establecido, se entregan las papeletas al juez, por cada respuesta correcta anotan 10 puntos para su equipo.

CONSULTAS:

No se permiten.

INFRACCIÓN:

Si un juez observa que alguno de los participantes intenta ver los trazos de los otros participantes, se le llamara la atención, si incurre en la misma infracción, se le retira la papeleta y se anula su participación en este juego.

PUNTAJE
10 puntos por respuesta correcta

TIEMPO
3 minutos

PARTICIPANTES
1 por equipo

MODALIDAD
Simultánea

MATERIALES
- Una papeleta por equipo - Un lapicero por equipo

EJEMPLOS:

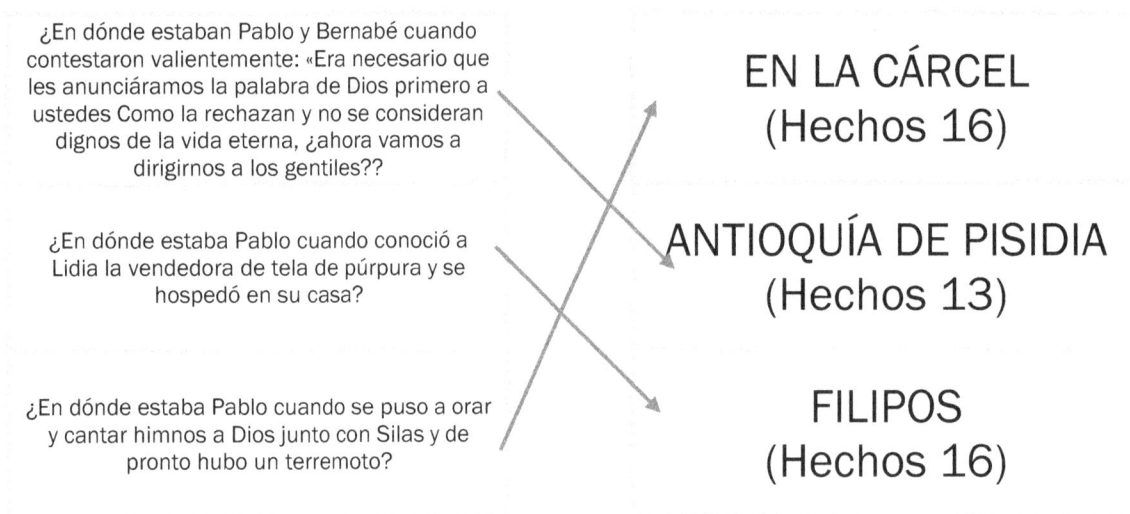

¿En dónde estaban Pablo y Bernabé cuando contestaron valientemente: «Era necesario que les anunciáramos la palabra de Dios primero a ustedes Como la rechazan y no se consideran dignos de la vida eterna, ¿ahora vamos a dirigirnos a los gentiles??

¿En dónde estaba Pablo cuando conoció a Lidia la vendedora de tela de púrpura y se hospedó en su casa?

¿En dónde estaba Pablo cuando se puso a orar y cantar himnos a Dios junto con Silas y de pronto hubo un terremoto?

EN LA CÁRCEL
(Hechos 16)

ANTIOQUÍA DE PISIDIA
(Hechos 13)

FILIPOS
(Hechos 16)

En dónde estaba Pablo cuando se encontraron con un hechicero, un falso profeta judío llamado Barjesús

La gente de la ciudad estaba dividida: unos estaban de parte de los judíos, y otros de parte de los apóstoles

En dónde estaba Pablo cuando el Señor le dijo en una visión "No tengas miedo; sigue hablando y no te calles, pues estoy contigo…"

ISLA DE PAFOS
(Hechos 13)

EN ICONIO
(Hechos 14)

EN CORINTO
(Hechos 18)

En dónde estaba Pablo cuando le dijo a un hombre lisiado de nacimiento, ¡Ponte en pie y enderézate! El hombre dio un salto y empezó a caminar

En donde estaba Pablo cuando les decía a los judíos en la sinagoga: «Este Jesús que les anuncio es el Mesías

Dónde estaba Pablo cuando anunciaba las buenas nuevas de Jesús y de la resurrección y entonces se lo llevaron a una reunión del Areópago.

EN TESALÓNICA
(Hechos 17)

EN ATENAS
(Hechos 17)

EN LISTRA
(Hechos 14)

EL DADO MANDÓN

DESARROLLO:

Se prepara con anticipación un dado grande, en dos lados debe decir: CANTAR, en otros dos: DECIR UN TEXTO, y en los últimos dos: CARACTERÍSTICAS DE UN PERSONAJE.

1. El moderador sortea el orden de participación.
2. El niño o niña lanza el dado y debe realizar la acción que le corresponda, si lo hace de forma correcta, el juez le anota 20 puntos para su equipo. Si el participante durante los primeros 30 segundos no hace la acción o se quedará callado, el juez no otorgará la puntuación.

CONSULTAS:

No se permiten.

INFRACCIÓN:

Si el niño o niña consulta con su coach o equipo, o el público presente le ayuda, el juez lo indica y el moderador le da otra oportunidad para lanzar el dado, en caso de incurrir en la misma infracción, se anula su participación en este juego únicamente.

EJEMPLO DEL DADO:

PUNTAJE
20 puntos

TIEMPO
1 minuto

PARTICIPANTES
1 por equipo

MODALIDAD
Un equipo a la vez

MATERIALES
- Un dado grande (seguir el ejemplo)

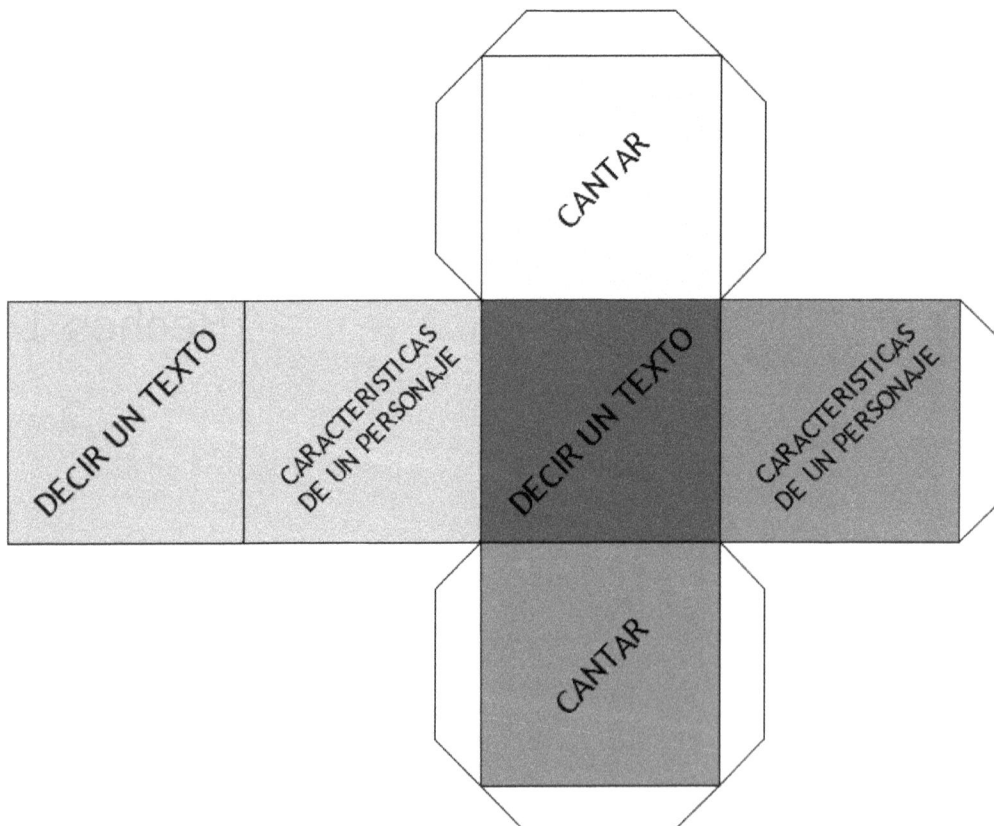

MEMORIA

DESARROLLO:

1. El moderador sortea el orden en el que pasan los equipos.
2. Se colocan las fichas en el suelo o en una mesa boca abajo y revueltas.
3. Al dar la señal de inicio, los participantes del primer equipo les dan vuelta a las fichas y tienen 5 minutos para armar las 8 parejas, uniendo el texto bíblico con la cita respectiva.
4. Al terminar las parejas o al acabarse el tiempo, el juez revisa y otorga 10 puntos por pareja correcta.
5. Las fichas se revuelven y se vuelven a colocar en el suelo o mesa para el siguiente equipo.
6. El juez también debe anotar el tiempo en el que cada equipo une los 8 pares, al equipo que lo haga en el menor tiempo, se le entrega una bonificación de 10 puntos.

Los textos deben ser tomados de la lista de textos a memorizar.

CONSULTAS:

Los participantes no pueden consultar con su coach o con otros miembros de su equipo; únicamente entre ellos.

INFRACCIÓN:

Si el público presente dijera algún texto o cita en voz alta, el juez les descuenta el valor de una pareja.

EJEMPLO:

PUNTAJE
10 puntos por Pareja correcta

TIEMPO
5 minutos

PARTICIPANTES
2 por equipo

MODALIDAD
Un equipo a la vez

MATERIALES
- 16 tarjetas (8 con los textos bíblicos y 8 con la cita respectiva)

Pero, cuando venga el Espíritu Santo sobre ustedes, recibirán poder y serán mis testigos tanto en Jerusalén como en toda Judea y Samaria, y hasta los confines de la tierra.	HECHOS 1:8
Se mantenían firmes en la enseñanza de los apóstoles, en la comunión, en el partimiento del pan y en la oración.	HECHOS 2:42

GEOGRAFÍA BÍBLICA

DESARROLLO:

1. El moderador entrega un marcador o lapicero y un mapa a cada equipo (igual para todos) y lo coloca boca abajo.
2. Se da la indicación de que lo volteen al tiempo que se inicia la lectura del pasaje bíblico.
3. El equipo debe ir identificando y escribiendo el nombre de los lugares que se mencionan en la lectura.
4. No se repite la lectura, ni se aceptan preguntas o interrupciones. Al terminarse la lectura, los jueces revisan los mapas. Se otorgan 5 puntos por cada lugar del mapa señalado correctamente.

CONSULTAS:

Los participantes del mismo equipo pueden consultarse entre sí en voz baja.

INFRACCIÓN:

Se considera infracción la interrupción a la lectura con preguntas, solicitudes, levantarse de su lugar o consultarse entre sí en voz alta o con otro fuera de los 3 participantes. Si hubiera alguna de estas faltas, el juez lo indica al moderador para que éste llame la atención al respecto una sola vez y se les descuente el valor de una palabra, si el mismo equipo incurre en alguna de estas faltas, entonces será descalificado de este juego.

SUGERENCIA DE LECTURAS:

Hechos 13:4-14
Hechos 16:1-12
Hechos 27:3-12

PUNTAJE
5 puntos por nombre correcto

TIEMPO
Lo que dure la lectura

PARTICIPANTES
3 por equipo

MODALIDAD
Simultaneo

MATERIALES
- Un mapa adecuado al tema de estudio.
- Un marcador o lapicero por equipo
- El pasaje bíblico previamente seleccionado.

A continuación, se presenta el mapa base para el estudio de hechos, construya uno muy grande para desarrollar sus clases y entrenar al equipo, puede también ir haciendo globos de texto y colocarlos en los lugares donde sucedieron eventos importantes, por ejemplo, el procónsul Sergio Paulo se convirtió en Pafos, En Atenas Pablo habló en el Areópago y en Troas Pablo le devuelve la vida a Eutico.

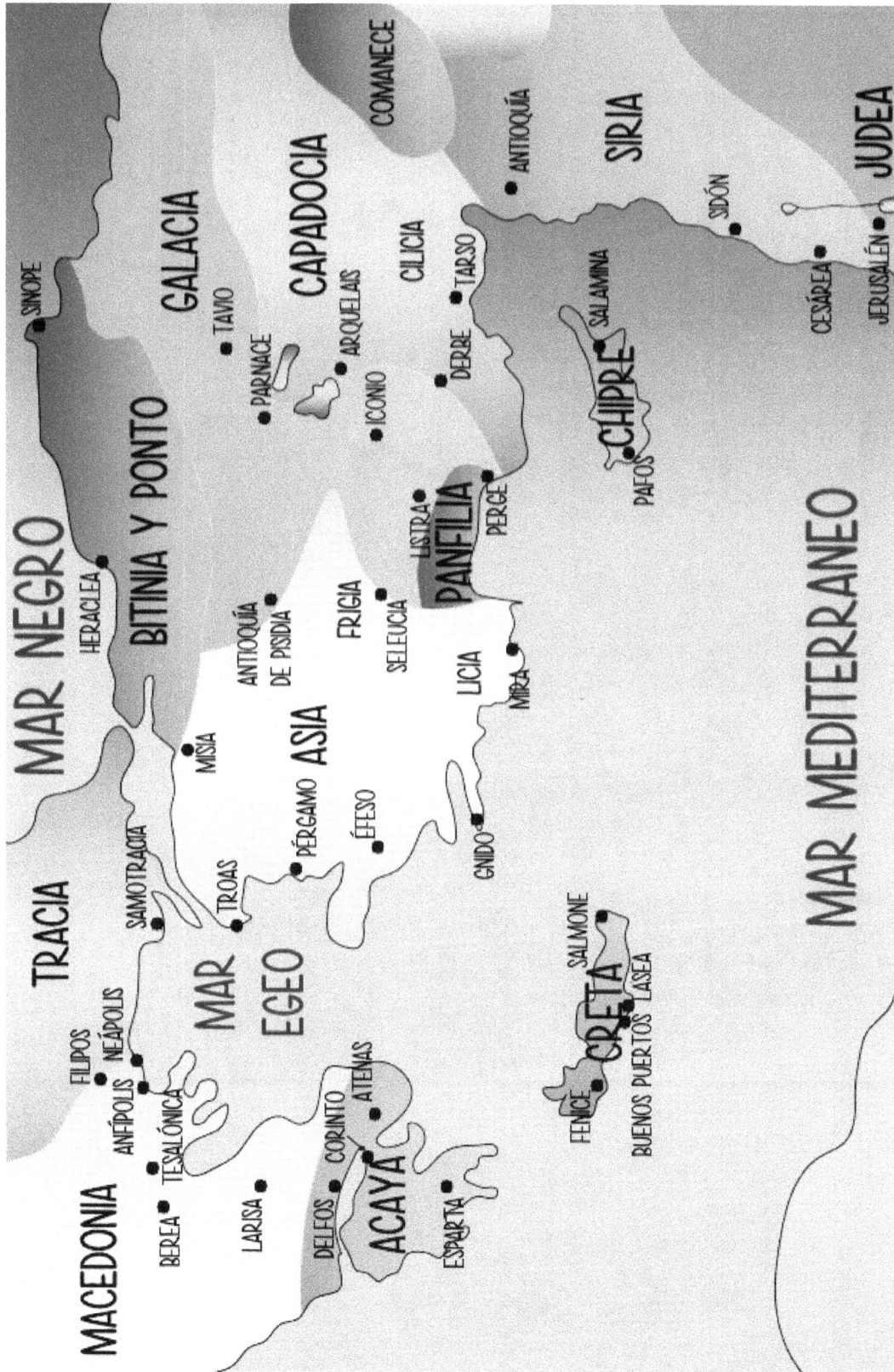

GEOGRAFÍA BÍBLICA BASADA EN HECHOS 13:4-14

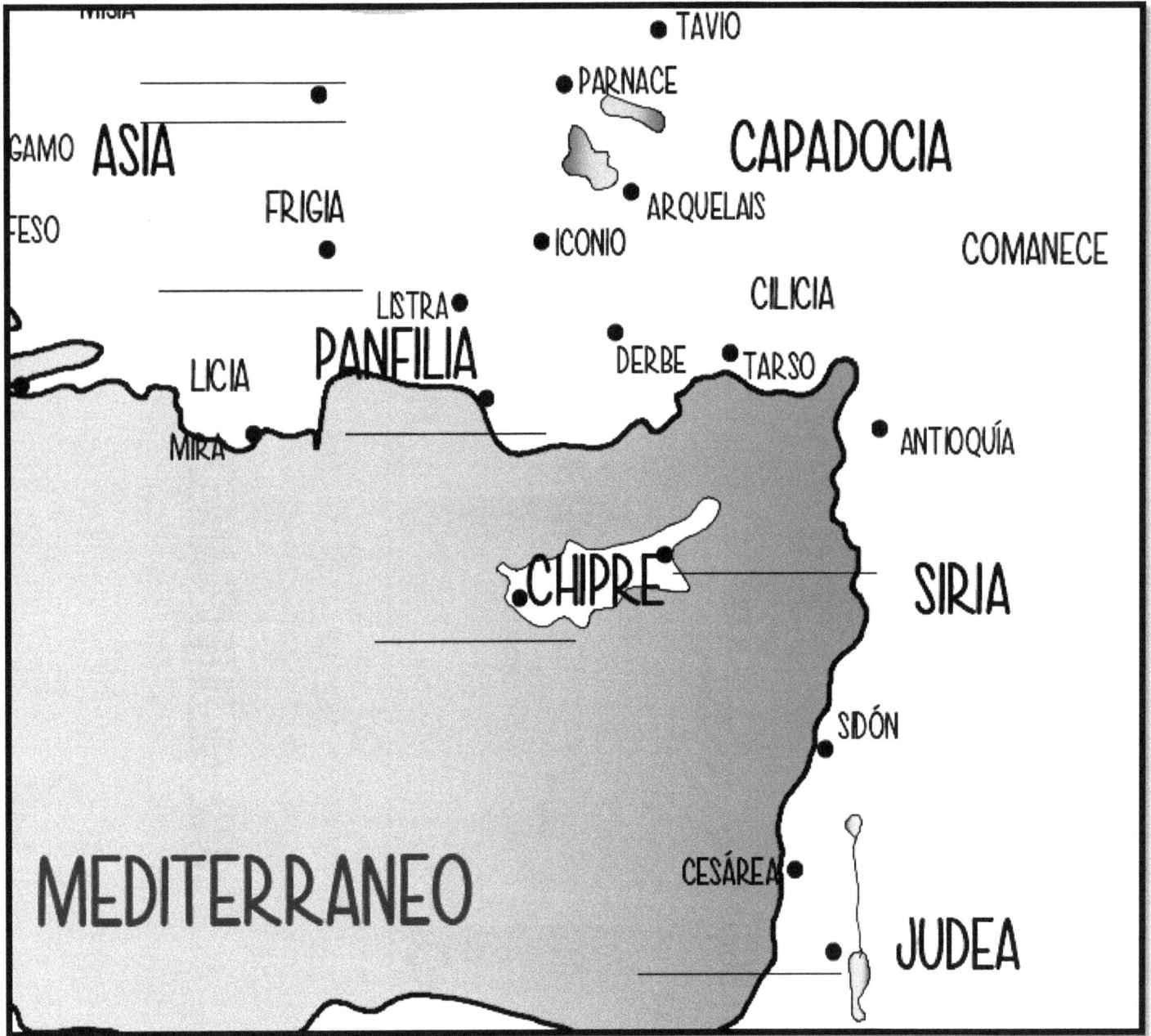

MISIA

GAMO ASIA

FESO

FRIGIA

LICIA

MIRA

PARNACE • TAVIO

CAPADOCIA

ARQUELAIS

ICONIO

COMANECE

CILICIA

LISTRA •

PANFILIA

DERBE • TARSO

ANTIOQUÍA

CHIPRE

SIRIA

SIDÓN

MEDITERRANEO

CESÁREA

JUDEA

GEOGRAFÍA BÍBLICA BASADA EN HECHOS 16:1-12

GEOGRAFÍA BÍBLICA BASADA EN HECHOS 27:3-12

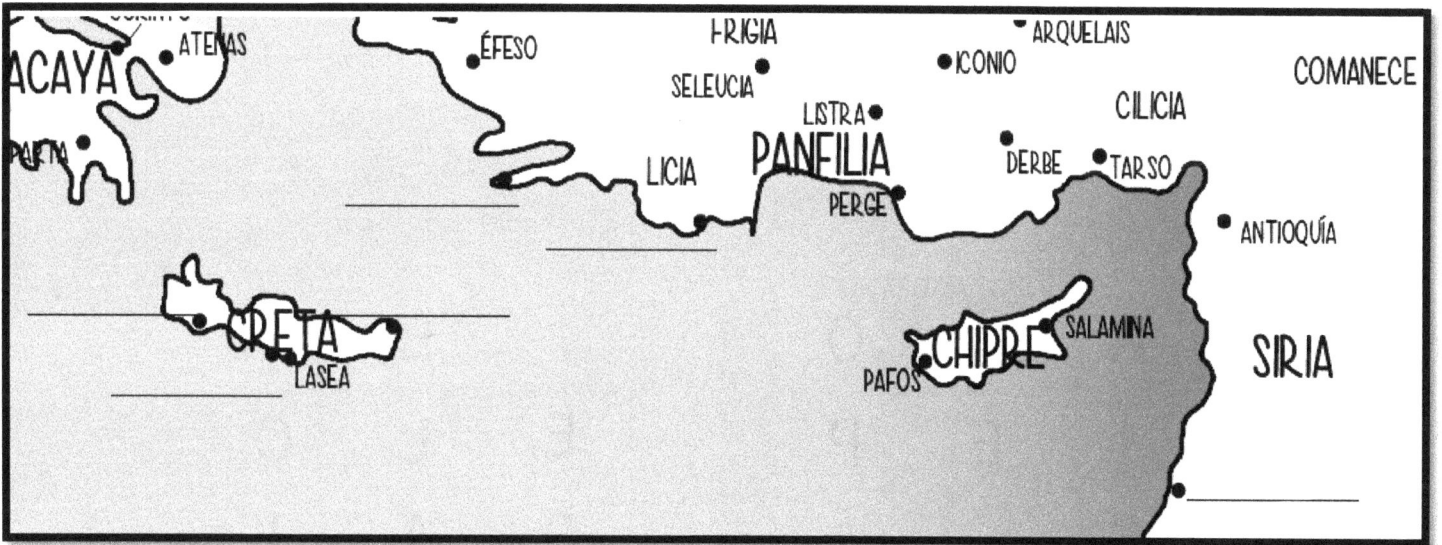

PALABRA MÁGICA

DESARROLLO:

La palabra a descifrar es diferente para cada equipo, únicamente se debe procurar que tengan la misma cantidad de letras (máximo 9), puede tomar palabras del juego completar.

1. El moderador sortea las papeletas y las coloca boca abajo en una mesa o suelo frente a cada participante.
2. Al dar la señal de inicio, el niño o niña debe voltear su papeleta, la búsqueda comienza a partir de la flecha indicada y el participante debe trazar una línea en cualquier sentido, incluso en diagonal, para unir las letras y encontrar la palabra.
3. Al encontrarla, la escribe debajo.
4. Gana el primer equipo que la descubra correcta y completamente, el juez debe anotar el tiempo en la papeleta. Si hubiera empate, se le otorga puntaje igual a cada equipo. Si un equipo la descubre, pero está incorrecta, el juez que revisa lo indica y este equipo pierde inmediatamente y se continúa el juego con el resto de los participantes.

Si ninguno de los equipos logra descubrirla se quedan sin puntos.

CONSULTAS:

No se permiten.

INFRACCIÓN:

Si los presentes dicen la palabra en voz alta, el juez lo indica. Este juego se anula, y ningún equipo obtiene puntos.

EJEMPLO:

PUNTAJE
10 puntos

TIEMPO
1 minutos

PARTICIPANTES
1 por equipo

MODALIDAD
Simultaneo

MATERIALES
- Una papeleta con la palabra a descifrar por equipo.
- Un marcador o lapicero por equipo

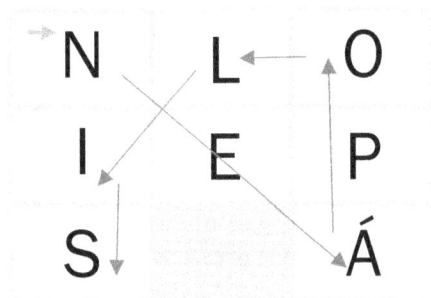

Neápolis

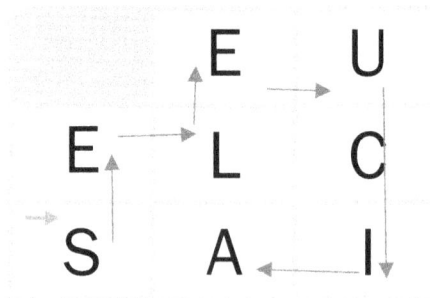

Seleucia

SECUENCIA DE LETRAS

DESARROLLO:

1. El moderador sortea los sobres entre los equipos.
2. Se colocan las tarjetas en la pizarra o pared a tres metros de cada equipo y se le proporciona un marcador a cada equipo.
3. Los equipos participan simultáneamente escribiendo un listado de palabras relacionadas a la categoría seleccionada, con la dificultad de que la vocal asignada debe formar una línea en vertical como se muestra en el ejemplo.
4. Los tres participantes de cada equipo formarán una fila, el primer participante se dirige a la pizarra y escribe una palabra, luego retorna a la fila y entrega el marcador al siguiente participante. Éste escribe la segunda palabra y así sucesivamente hasta que termine el tiempo de un minuto.

Los participantes pueden correr o caminar para dirigirse a la pizarra.

CONSULTAS:

No se permiten.

INFRACCIÓN:

Si el juez observa que están hablando entre los tres participantes de cada equipo se les descuenta el valor de una palabra, o si el público llegara a decir en voz alta alguna palabra, el juez lo indica y se les descuenta el valor de una palabra a todos los equipos.

EJEMPLO: Al equipo "Pablo" les toco, Personajes con la vocal A
Mientras al equipo "Misioneros de Jesús" les todo Lugares con la vocal E

PUNTAJE
5 puntos por palabra correcta

TIEMPO
1 minuto

PARTICIPANTES
3 por equipo

MODALIDAD
Simultaneo

MATERIALES
- Sobres cerrados con la categoría (personajes, lugares, animales o misceláneos) y la vocal de base para cada equipo.
- Pizarra o cartulinas
- Un marcador por equipo

PERSONAJES "A"

```
              A
        p  a  b  l  o
     s  i  l  a  s
  d  o  r  c  a  s
  b  e  r  n  a  b  é
     j  u  a  n
     m  a  t  i  á  s
```

LUGARES "E"

```
                 E
        e  f  e  s  o
        a  t  e  n  a  s
     s  e  l  e  u  c  i  a
  c  h  i  p  r  e
     j  u  d  e  a
     l  a  s  e  a
```

ROMPECABEZAS

DESARROLLO:

1. Los participantes de cada equipo se colocan uno detrás de otro a una distancia de 3 metros del rompecabezas.
2. Las piezas del rompecabezas se colocan en el suelo, boca abajo, éste al quedar completo debe formar uno de los textos bíblicos que los niños han memorizado.
3. El primer participante de cada equipo toma una cuchara y se la pone en la boca sosteniendo el limón o pelota con la cuchara en la boca. Cuando llega al rompecabezas deja la cuchara y el limón o pelota a un lado y le da vuelta a una pieza del rompecabezas.
4. El niño toma nuevamente la cuchara y el limón camina hasta el siguiente participante y le entrega el limón o pelota pasándola con la cuchara hacia la cuchara del compañero; éste repite la misma acción, y así hasta que el rompecabezas quede terminado. (Si el niño bota la cuchara o el limón, debe retornar al punto de partida e iniciar el recorrido.)

El equipo que finaliza primero determina el tiempo; si el texto es correcto entonces se anotan los 30 puntos. Si hubiera empate entre equipos, se otorgan los 30 puntos a cada uno de los equipos participantes.

CONSULTAS:

Es permitida la consulta, únicamente entre los 3 participantes.

INFRACCIÓN

Si algún juez observa que alguno de los niños sujeta el limón o la cuchara con la mano o si botase la cuchara o el limón y continúa sin retornar a su lugar de partida, debe indicarlo en el momento al moderador, y éste regresa al niño al lugar de partida, para reiniciar el recorrido.
Si alguno de los participantes coloca más de una pieza del rompecabezas, el juez lo indica al moderador, y éste quita una de las piezas del rompecabezas devolviéndola al lugar donde están las otras para escoger.

PUNTAJE
30 puntos

TIEMPO
De acuerdo a quién termine primero

PARTICIPANTES
3 por equipo

MODALIDAD
Simultaneo

MATERIALES
- Un texto bíblico dividido en 9 piezas para cada equipo (el mismo texto para todos los equipos)
- 3 cucharas por equipo
- 3 limones o pelotas por equipo
- NOTA: El texto debe ser tomado de la lista de textos a memorizar.

EJEMPLO:

MIENTRAS TANTO,

LA IGLESIA DISFRUTABA DE PAZ

A LA VEZ QUE SE CONSOLIDABA

EN TODA JUDEA, GALILEA Y SAMARIA,

PUES VIVÍA

EN EL TEMOR DEL SEÑOR.

HE IBA CRECIENDO EN NÚMERO,

FORTALECIDA POR EL ESPÍRITU SANTO.

HECHOS 9:31

SOPA DE LETRAS

DESARROLLO:

1. El moderador coloca las papeletas (iguales para todos los equipos) boca abajo en la mesa o suelo frente a cada equipo; las papeletas deben tener en el título un tema relacionado a la búsqueda, por ejemplo: Los colaboradores de Pablo, Lugares donde estuvo Pablo, Objetos, etc.

2. Al dar la señal de inicio cada equipo debe dar vuelta a la papeleta y descubrir qué palabras aparecen en forma horizontal, vertical, diagonal, de arriba abajo, de izquierda a derecha o viceversa. Las palabras deben ser encerradas o resaltadas y se deben anotan a la par.

3. El equipo que termine corre hacia el juez asignado y la presenta para revisión (se anota el tiempo). Si el juez observa que está correcta, lo anuncia al moderador. Se detiene la competencia y uno de los participantes lee el listado en voz alta y ganan los 50 puntos.

4. Si la papeleta que lleva el equipo al juez para su revisión, está incorrecta en alguna(s) palabra(s), éste se limitará a decir incorrecta y el equipo seguirá buscando las palabras.

Tiempo máximo para esta competencia 7 minutos. Si durante el tiempo establecido no termina ningún equipo, se califica de acuerdo a las respuestas correctas (esto quiere decir 5 puntos por respuesta correcta).

CONSULTAS:

La consulta será únicamente entre ambos participantes del equipo.

INFRACCIÓN:

Si consultan con otros fuera de la pareja participante, el juez lo indica y les da una sanción de 30 segundos, no se le da tiempo de reposición.

PUNTAJE

5 puntos por palabra correcta

TIEMPO

7 minutos

PARTICIPANTES

2 por equipo

MODALIDAD

Simultaneo

MATERIALES

- Una Papeleta con la sopa de letras con diez palabras a descubrir por equipo.
- Un marcador resaltador o lapicero por equipo.

EJEMPLOS:

Sopa de letras sobre "Los colaboradores de Pablo"

S	R	T	L	A	O	C	I	U	Q	Í	T
A	R	J	I	E	R	O	P	T	P	A	M
Q	F	T	D	T	F	S	I	L	A	S	E
U	T	G	I	R	V	M	F	R	M	O	L
I	G	N	A	K	O	S	A	V	R	L	S
L	B	M	N	T	R	T	Y	M	T	O	V
A	O	B	E	R	N	A	B	É	N	P	C
T	M	O	V	B	N	M	L	A	L	A	S
Y	C	Q	W	E	R	T	Y	U	O	F	N
U	G	H	Y	P	R	I	S	C	I	L	A
I	H	C	V	A	R	T	Y	I	O	E	U
S	Ó	P	A	T	E	R	B	G	A	S	J

AQUILA

LIDIA

APOLOS

TÍQUICO

SILAS

BERNABÉ

PRISCILA

SÓPATER

TIMOTEO

JUAN

Sopa de letras sobre "lugares donde estuvo Pablo"

T	S	E	R	T	Y	U	M	V	D	S	R
E	E	V	T	R	O	A	S	B	U	N	O
S	R	S	U	V	N	J	I	K	N	D	I
A	T	O	A	I	E	B	R	E	D	I	N
T	G	P	J	L	D	R	E	S	C	C	O
E	B	I	A	T	O	F	R	T	Y	O	C
N	N	L	V	S	A	N	C	V	B	M	I
A	J	I	I	C	O	R	I	N	T	O	E
S	I	F	B	G	A	S	C	C	O	V	D
N	O	U	O	L	I	S	T	R	A	D	R
A	L	R	L	A	Ñ	O	S	V	R	C	T
C	H	I	P	R	E	F	E	F	E	S	O

_____

_____

_____

_____

_____

_____

_____

_____

_____

_____

TERMINE LA HISTORIA

DESARROLLO:

1. El moderador sortea el orden de participación, se colocan tres sillas en las que deben sentarse los participantes de cada equipo.
2. El moderador inicia la lectura del pasaje bíblico (uno por equipo). En el momento en que uno de los tres participantes del equipo descubre a qué pasaje se refiere, interrumpe al moderador (levantándose de su lugar) para continuar con la narración.
3. El tiempo se empieza a marcar en el momento que el moderador inicia la lectura y se detiene al levantarse el participante. Los jueces anotan este tiempo. El moderador indica al participante que finalice la historia; tiene 1 minuto para hacerlo.
4. Al finalizar los jueces anuncian si es correcto y el tiempo obtenido. Si no es correcto, se limita a decir INCORRECTO.
5. Si los 2 ó 3 participantes del equipo se levantan al mismo tiempo, inmediatamente se sientan dejando participar a uno solo.

El moderador repite el procedimiento con otro pasaje para el equipo siguiente. Gana el equipo que acierte con el final de la historia en el menor tiempo transcurrido durante la lectura que haga el moderador. Así el participante podrá dar más datos del relato. El juez de tiempo deberá estar muy pendiente de cada participante para anotar minutos y segundos en que inicia el niño o la niña y su término.

CONSULTAS:

La consulta entre los 3 participantes del equipo es permitida, pero en voz baja.

INFRACCIÓN:

Si uno de los participantes se levanta de su lugar, pero olvida continuar con la historia se le dan 15 segundos para que inicie la respuesta. Si se queda callado o se vuelve a sentar, el juez indica al moderador INCORRECTO, finalizando la participación de ese equipo en esta competencia.

SUGERENCIA DE PASAJES BÍBLICOS:

- Jesús llevado al cielo, Hechos 1:1-11
- El Espíritu Santo desciende en Pentecostés, Hechos 2:1-12
- Ananías y Safira, Hechos 5:1-11
- La conversión de Saulo, Hechos 9:1-19
- Priscila, Aquila y Apolos, Hechos 18:18-28

PUNTAJE
30 puntos

TIEMPO
1 minuto

PARTICIPANTES
3 por equipo

MODALIDAD
Un equipo a la vez

MATERIALES
- Un pasaje bíblico para cada equipo, no debe ser el mismo, pero debe ser similar en su extensión.
- Tres sillas

CATEGORÍA DE REFLEXIÓN

El coach facilita la lección considerando el objetivo o propuesta de la enseñanza y dialoga con los niños/as del equipo permitiendo que formulen sus dudas. El objetivo de esta categoría es motivar al niño y a la niña a la lectura reflexiva de la Biblia, en cuanto a las enseñanzas espirituales que contiene y el contexto (histórico, cultural, idiomático, etc.) en el que se desenvuelve.

Hagale saber a los niños que aprender es fruto de un esfuerzo personal.

ALGUNAS TÉCNICAS DE REFLEXIÓN:

- Dialogo
- Preguntas dirigidas
- Escucha activa y participación intensa
- Focalizar lo esencial
- Armonizar teoría y práctica

Para una demostración local, distrital, de zona, nacional, etc. el moderador elegirá

2 juegos de reflexión

Los equipos sabrán los juegos que se realizarán únicamente hasta el día de la demostración.

AYUDA A LOS MISIONEROS

DESARROLLO:

1. El moderador sortea el orden de participación.
2. El participante selecciona un sobre, cada sobre contiene un caso y dos textos; el moderador coloca los 2 textos bíblicos en la pizarra a 3 metros de distancia del participante.
3. El moderador leerá en voz alta el caso y después los textos.
4. El participante elige cuál texto considera apropiado para el caso. Plantea y explica el porqué de su elección. Tiene un minuto para dar la respuesta.
5. Si la respuesta es correcta el juez califica 20 puntos, si la respuesta fuera incorrecta el moderador dirá el texto correcto en relación con el caso.

Si el participante elige el versículo correcto, pero la explicación no es la correcta solo obtiene 10 puntos.

INFRACCIÓN:

Si el público dice la respuesta en voz alta o tratan de ayudar al participante, el juez lo indica al moderador y se le descuentan 10 puntos al equipo que incurra en esta situación.

EJEMPLO:

Mi amiga Silvia se acaba de ir como misionera a México, estuvo por un tiempo breve y llevaba muchas ideas para trabajar allá, pero el pastor de la iglesia no le permitió realizarlas, por lo que se sintió un poco desanimada.

Respuestas:

1. A la noche siguiente el Señor se apareció a Pablo, y le dijo: «¡Ánimo! Así como has dado testimonio de mí en Jerusalén, es necesario que lo des también en Roma». Hechos 23:11

2. ¡Tercos, duros de corazón y torpes de oídos! Ustedes son iguales que sus antepasados: ¡Siempre resisten al Espíritu Santo! Hechos 7:51

PUNTAJE

20 puntos

TIEMPO

1 minuto

PARTICIPANTES

1 por equipo

MODALIDAD

Un equipo a la vez

MATERIALES

- Sobres con casos de misioneros preferiblemente reales. Un sobre por equipo.
- Dos textos bíblicos por caso, uno debe tener relación con el caso y otro no, deben ser impresos en tamaño carta.

BAÚL DE LOS RECUERDOS

DESARROLLO:

1. El moderador sortea el orden en el que pasan los equipos.
2. Irán pasando los participantes uno por uno introduciendo la mano en el baúl sin ver, cuando tenga en sus manos el objeto o figura, tendrá 2 minutos para ir narrando que le recuerda esta figura relacionada con el tema de estudio.
3. El participante debe relacionar bien su narración con la figura, si es correcto, cada participante anota 10 puntos para su equipo.

El objeto que sacan del baúl queda fuera y no se vuelve a introducir al baúl.

CONSULTAS:

No se permiten.

INFRACCIÓN:

Si la niña o niño consulta con su compañero o el público dice algo en voz alta, el juez descontará 10 puntos al equipo que incurra en esta infracción.

PUNTAJE

10 puntos por narración correcta

TIEMPO

2 minutos

PARTICIPANTES

2 por equipo

MODALIDAD

Un equipo a la vez

MATERIALES

- Un baúl, ya sea de madera o elaborado con cartón.
- Figuras de cualquier material o impresas para colocar dentro del baúl.

EJEMPLO:

Aves	10:12, 11:6	Mesa	06:02
Ancla	27:13, 29, 30, 40	Nubes	1:9 2:19
Barco	20:38, Cap. 27	Panes	12:3, 20:6
Cadenas	12:6-7, 16:26	Puerta	3:2, 3:10 12:13-16
Cama	9:33-34, 12:20, 28:8	Tablas	27:44
Casa	2:2, 2:46, 9:11, 9:43	Tela	16:14
Cinturón	21:01	Tiendas de campaña	18:03
Espada	12:2, 16:27	Toros	14:13
Isla	13:6, 21:3	Ventana	20:09

CARTÓN LLENO

DESARROLLO:

1. El moderador sortea las cartillas y las coloca boca abajo sobre una mesa o suelo frente a cada participante, entrega a cada participante un bote con los maíces, frijoles, botones o tapitas.
2. El moderador da la indicación de que volteen sus cartillas y empieza la lectura del pasaje bíblico, no menor de 10 versículos.
3. El niño o niña deberá escuchar con atención la lectura e irá marcando las palabras que va escuchando. El que llene su cartón primero, grita "CARTÓN LLENO". Y ahí se detiene el tiempo.
4. Si hubiera empate entre equipos se otorgan 30 puntos a cada uno. Si al terminar la lectura del pasaje, ningún participante llena el cartón nadie obtiene puntos. Si hubiera empate en los 2 participantes del mismo equipo únicamente se dan 30 puntos.

CONSULTAS:

No se permiten.

INFRACCIÓN:

Si el equipo interrumpe o pregunta en la lectura, los jueces descuentan 2 puntos.

SUGERENCIA DE PASAJES BÍBLICOS:

- En Atenas, Hechos 17:16-34
- Rumbo a Jerusalén, Hechos 21:1-15
- El Naufragio, Hechos 27:27-44

EJEMPLO DE LAS CARTILLAS:

A continuación, se presenta un ejemplo de las cartillas basadas en el pasaje bíblico del Naufragio, en este caso, la palabra clave es Tablas.

PUNTAJE
30 puntos

TIEMPO
Lo que dure la lectura

PARTICIPANTES
2 por equipo

MODALIDAD
Simultaneo

MATERIALES
- Pasaje bíblico seleccionado
- Cartillas tamaño media carta o ¼ de carta, con nueve palabras que se encuentren dentro del pasaje bíblico, deben ser diferentes para cada participante, pero todas deben tener la palabra clave, que preferiblemente es la última de la lectura.
- 9 maíces, frijoles, botones o tapitas por participante.

Pasaje bíblico sugerido: "El Naufragio" Hechos 27:27-44

Noche	Sonda	Dios		Metros	Bote	cabello
coman	Encallar	mar		Trigo	Timones	Pablo
Tierra	Barco	Amanecer		Tierra	Mar adriático	Aliento

Marineros	Hilo	Vela		Anclas	Playa	Viento
Bahía	rocas	cabeza		Nadar	Tierra	Bocado
Soldados	presos	Tierra		Popa	Amarras	Pan

¿CÓMO LO IMAGINAS? (JUEGO NUEVO)

DESARROLLO:

1. El moderador sortea el orden de participación y permite que los participantes elijan un sobre al azar.
2. El moderador abre el sobre del primer participante y da lectura al lugar, el niño o niña tiene un minuto para dar el nombre del evento que sucedió en ese lugar y dar una descripción de cómo imagina ese lugar.
3. El juez considera que tanto el nombre del evento como la descripción del lugar estén acorde al libro de estudio.
4. Si el participante no responde durante el minuto no se le anota el punteo y el moderador menciona el evento.

Si el participante únicamente dice qué evento sucedió en el lugar, se anota 10 puntos.

CONSULTAS:

No se permiten.

INFRACCIÓN:

Si el niño o niña consulta con el coach o con otros miembros de su equipo o si el público presente dice algo en voz alta, el juez lo indica y se anula su participación en este juego únicamente.

PUNTAJE
30 puntos

TIEMPO
1 minuto

PARTICIPANTES
1 por equipo

MODALIDAD
Un equipo a la vez

MATERIALES
- Un sobre por equipo con el nombre de algún lugar donde sucedió un evento importante.

SUGERENCIA DE LUGARES:

LUGAR	EVENTO	DESCRIPCIÓN
Puerta llamada Hermosa, Hechos 3:1-10	Pedro sana a un mendigo lisiado	Permita Que los niños utilicen su imaginación para describir cómo eran estos lugares.
El Pórtico de Salomón, Hechos 3:11-26	Pedro se dirige a los espectadores	
Camino del desierto que baja de Jerusalén a Gaza, Hechos 8:26-40	El encuentro de Felipe con el Etíope Eunuco.	
A orillas del río en Filipos, Hechos 16:11-15	La conversión de Lidia	
El areópago, Hechos 17:16-28	Pablo defiende el evangelio ante los atenienses.	

LA BIBLIA EN NUESTROS TIEMPOS

DESARROLLO:

1. El moderador sortea el orden de participación y permite que cada equipo elija un sobre al azar.
2. Todos los equipos cuentan con 2 minutos para consultar la Biblia. Terminado ese tiempo no se permite más la consulta con la Biblia.
3. Entre los 3 participantes determinan el expositor. Equipo por equipo de acuerdo al número de participación, tiene un minuto para narrar el pasaje traído a nuestro tiempo (año actual).

CONSULTAS:

Pueden consultar la biblia y entre los tres miembros del equipo durante 2 minutos.

INFRACCIÓN:

Si consultan entre los 3 participantes o con el resto del equipo cuando haya terminado el tiempo el juez lo indica, y el moderador anula su participación en este juego.

SUGERENCIA DE PASAJES BÍBLICOS:

- Ananías y Safira, Hechos 5:1-11
- La conversión de Saulo, Hechos 9:1-19
- En Antioquía de Pisidia, Hechos 13:13-25
- Pablo en el areópago, Hechos 17:16-28
- Priscila, Aquila y Apolos, Hechos 18:18-28

PUNTAJE

30 puntos

TIEMPO

3 minutos (2 para consultar la biblia, 1 para narrar)

PARTICIPANTES

3 por equipo

MODALIDAD

Simultaneo para consultar la biblia y Un equipo a la vez para la narración.

MATERIALES

- Sobres con pasajes bíblicos, diferentes para cada equipo.

REVENTAZÓN (JUEGO NUEVO)

DESARROLLO:

1. El moderador sortea el orden de participación y los participantes se colocan debajo del número de globo que les corresponde.
2. El moderador pincha el globo del primer participante y lee el valor que le corresponde, el participante tiene dos minutos para dar una breve explicación del valor y recitar un texto bíblico que se asocie al valor.
3. El juez considera que tanto la explicación del valor como el texto bíblico sean correctos y estén asociados al tema de estudio.
4. Si el niño o niña explica correctamente qué es el valor, pero no dice ningún texto (o viceversa), o el texto no tiene relación con el valor, solamente anota 10 puntos.

CONSULTAS:

No se permiten.

INFRACCIÓN:

Si el niño o niña consulta con el coach o con otros miembros de su equipo o si el público presente dice algo en voz alta, el juez lo indica y se anula su participación en este juego únicamente.

¿QUÉ SON LOS VALORES?

Los valores son principios que guían nuestra vida (conducta).

LISTA DE VALORES:

Generosidad, respeto, gratitud, amistad, responsabilidad, paz, solidaridad, tolerancia, honestidad, justicia, libertad, fortaleza, lealtad, integridad, perdón, bondad, humildad, perseverancia, amor, unidad, confianza.

PUNTAJE
20 puntos

TIEMPO
2 minutos

PARTICIPANTES
1 por equipo

MODALIDAD
Un equipo a la vez

MATERIALES
- Una soga o lana.
- Un globo por equipo, dentro del globo debe haber un papel con el nombre de un valor. Para hacerlo más divertido también se puede colocar confeti.
- Una aguja

EJEMPLO:

Generosidad	vendían sus propiedades y posesiones, y compartían sus bienes entre sí según la necesidad de cada uno. Hechos 2:45
Gratitud	Dicho esto, tomó pan y dio gracias a Dios delante de todos. Luego lo partió y comenzó a comer. Hechos 27:35
Hospitalidad	Cuando fue bautizada con su familia, nos hizo la siguiente invitación: «Si ustedes me consideran creyente en el Señor, vengan a hospedarse en mi casa». Y nos persuadió. Hechos 16:15

EL NAUFRAGIO (JUEGO NUEVO)

DESARROLLO:

1. El moderador sortea el orden de participación.
2. Se coloca la caja o barquito en el suelo, la cual contiene varias palabras, todos los participantes tendrán 30 segundos para buscar una palabra relacionada al naufragio que se narra en Hechos 27:27-44, al finalizar los 30 segundos, el juez revisa la palabra y comprueba que esté acorde al pasaje bíblico, si es correcta, se anotan 10 puntos para el equipo.
3. Pasan uno por uno acorde al orden sorteado y el moderador le hace dos preguntas relacionadas a la palabra:

- ¿En qué versículo aparece?
- ¿Cómo lo usarías tú, si estuvieras en un naufragio?

Se anotan 10 puntos por cada respuesta correcta.

Si el participante selecciona una palabra que no tiene relación con el pasaje o si al terminar el tiempo no consiguió ninguna palabra del tema, el juez lo indica y el niño o niña pierde su participación en el juego.

INFRACCIÓN:

Si el niño o niña agrede a otro participante durante la búsqueda, consulta con el coach o con otros miembros de su equipo o si el público presente dice algo en voz alta, el juez lo indica y se anula su participación en este juego únicamente.

EJEMPLO:

Algunas palabras que puede incluir del naufragio son: Sonda, anclas, bote, amarras, pan, trigo, timones, tablas.
También se deben incluir palabras que no tengan relación con el tema como propiedades, telas, mujeres, plata, oro, guirnaldas, etc.

PUNTAJE
10 puntos si la palabra es correcta y 10 puntos por respuesta correcta

TIEMPO
30 segundos para buscar las palabras y 1 minuto para cada respuesta

PARTICIPANTES
1 por equipo

MODALIDAD
Simultaneo al buscar las palabras y Un equipo a la vez para responder

MATERIALES
- Una caja plástica o de cartón (también puede elaborar un barco con cartón)
- Varios Papeles con palabras entre ellas los objetos que aparecen en el pasaje bíblico del naufragio.

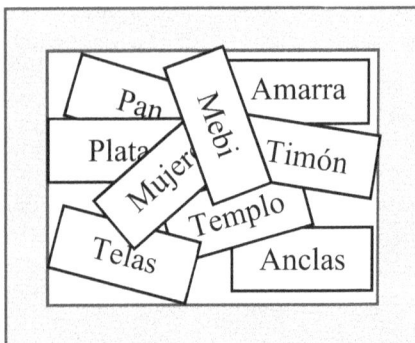

Marianita del equipo "Misioneros de Jesús, consiguió la palabra Amarras. Respondió que se encuentra en el verso 32 y dijo que ella lo usaría para amarrar una tabla y nadar hasta la playa. El juez considero que esta correcto y anoto 30 puntos para su equipo.	Luis del equipo "Pablo" consiguió la palabra, timón, No respondió en qué versículo se encontraba la palabra. Dijo que él lo usaría para dirigir el barco y llegar a salvo a la playa. El juez le otorga 20 puntos.

102

SIGUIENDO LAS HUELLAS

DESARROLLO:

1. El moderador sortea el orden de participación y los sobres con los juegos de preguntas.
2. Se colocan en el suelo las 12 huellas y los niños hacen una fila en el inicio, el moderador lee la primera pregunta del primer participante y tiene 30 segundos para dar su respuesta, si es correcta coloca su identificador en la huella 1, si no responde durante los 30 segundos o su respuesta es incorrecta, el moderador da la respuesta correcta y el niño o niña no avanza.
3. Luego continua con el siguiente participante, de forma alternada.

Debe tomar en cuenta que se le deben hacer las 12 preguntas a cada participante, en este juego ganan 5 puntos por huella que avancen.

CONSULTAS:

No se permiten.

INFRACCIÓN:

Si el público llegara a decir en voz alta la respuesta se le descuentan 10 puntos al equipo que incurra en esta infracción.

EJEMPLO:

PUNTAJE
5 puntos por respuesta correcta

TIEMPO
30 segundos para dar la respuesta

PARTICIPANTES
1 por equipo

MODALIDAD
Un equipo a la vez de forma alternada

MATERIALES

- 12 huellas de papel o de cualquier otro material.
- Un sobre con un juego de 12 preguntas diferentes para cada equipo.
- Dos títulos, uno de inicio y otro de meta.
- Identificadores para cada equipo, pueden ser círculos de colores.

Isabel del equipo "Pablo" respondió 9 preguntas anota 45

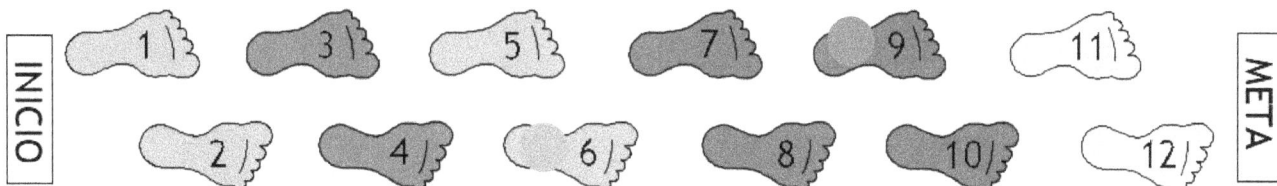

Camila del equipo "Hechos que transforman" respondió 6 preguntas anota

CATEGORÍA DE ARTE MANUAL

Las manualidades también pueden ser utilizadas como herramientas didácticas, por lo regular buscan el avance personal, el desarrollo de la creatividad y son una forma de esparcimiento. Se recurre a las manualidades en la etapa temprana de aprendizaje pues permiten el desarrollo de la motricidad gruesa y fina.

Esta categoría le permitirá a los niños/as representar conocimientos bíblicos a través de diferentes expresiones manuales.

ALGUNAS IDEAS:

- Solicite a su presidente de MIEDD que le abastezca con materiales didácticos, papel de diferentes colores y texturas, tijeras, pegamento, lana, brillantina, pajillas, pintura dactilar, temperas, pinceles, etc.

- Realice actividades que permitan a los niños desarrollar su creatividad.

Para una demostración local, distrital, de zona, nacional, etc. el moderador elegirá

1 juego de arte manual

Los equipos sabrán los juegos que se realizarán únicamente hasta el día de la demostración.

BANDERAS

DESARROLLO:

1. El moderador sortea el orden de participación y los sobres con nombres de lugares donde hayan sucedido eventos importantes.
2. Cada equipo dispondrá de 5 minutos para realizar una bandera con elementos que identifiquen el lugar que les corresponde.
3. Pasados los 5 minutos, cada equipo tendrá 1 minuto para dar su explicación.
4. Para este juego se debe tomar la siguiente escala de evaluación:

Adecuación de los materiales 5-10 puntos
Creatividad y limpieza   5-10 puntos
Explicación   5-10 puntos

CONSULTAS:

Únicamente entre los dos participantes del equipo.

INFRACCIÓN:

Si durante la explicación, el público o algún miembro del equipo interfiere, se le llamará la atención, si vuelve a incurrir se le descuentan 10 puntos al equipo.

SUGERENCIA DE LUGARES:

* Puerta llamada Hermosa, Hechos 3:1-10
* El Pórtico de Salomón, Hechos 3:11-26
* Camino del desierto que baja de Jerusalén a Gaza, Hechos 8:26-40
* A orillas del río en Filipos, Hechos 16:11-15
* El areópago, Hechos 17:16-28

PUNTAJE

30 puntos

TIEMPO

5 minutos para hacer la bandera y   1 para explicar

PARTICIPANTES

2 por equipo

MODALIDAD

Simultaneo para hacer la bandera y un equipo a la vez para explicar

MATERIALES

- Sobres con los lugares
- Media cartulina o tabloides
- Papel de diferentes colores y texturas
- Lápices, marcadores
- Palos de madera o porta globos
- Pegamento, tijeras, lana, etc.

COLLAGE

DESARROLLO:

1. El moderador sortea el orden de participación para la explicación y los sobres con los temas para elaborar el collage.
2. Cada equipo dispondrá de 5 minutos para elaborar su collar con elementos que identifiquen el tema que les corresponde.
3. Pasados los 5 minutos, cada equipo tendrá 1 minuto para dar su explicación.
4. Para este juego se debe tomar la siguiente escala de evaluación:

Adecuación de los materiales 5-10 puntos
Creatividad y limpieza   5-10 puntos
Explicación   5-10 puntos

CONSULTAS:

Únicamente entre los tres participantes del equipo.

INFRACCIÓN:

Si durante la explicación, el público o algún miembro del equipo interfiere, se le llamará la atención, si vuelve a incurrir se le descuentan 10 puntos al equipo.

SUGERENCIA DE TEMAS:

- Jesús llevado al cielo, Hechos 1:1-11
- El Espíritu Santo desciende en Pentecostés, Hechos 2:1-12
- Ananías y Safira, Hechos 5:1-11
- La conversión de Saulo, Hechos 9:1-19
- Priscila, Aquila y Apolos, Hechos 18:18-28

PUNTAJE
30 puntos

TIEMPO
5 minutos para elaborar el collage y   1 para explicar

PARTICIPANTES
3 por equipo

MODALIDAD
Simultaneo para hacer el collage y un equipo a la vez para explicar

MATERIALES
- Sobres con los temas
- Hojas
- Papel de diferentes colores y texturas
- Lápices, marcadores
- Limpiapipas, ojos, algodón, etc.
- Pegamento, tijeras, lana, etc.

CONTESTE Y DIBUJE

DESARROLLO:

1. El moderador sortea el orden de participación y los sobres con el dibujo base y las cinco preguntas (tanto el dibujo como las preguntas son diferentes para cada equipo).
2. Los participantes deben hacer una fila a 3 metros de distancia de la pizarra o pared donde se pegue el dibujo base.
3. El moderador le lee la primera pregunta al primer participante (después de leer la primera pregunta, se empieza a tomar el tiempo), si él o ella responde correctamente, tendrá la oportunidad de pasar hacer un dibujo sobre el dibujo base. Si no responde, entonces no podrá pasar hacer el dibujo.
4. Al finalizar las cinco preguntas, el moderador pedirá que solo uno de los participantes le diga qué tema o evento se dibujó.
5. Para este juego se toma la siguiente escala de evaluación:

Claridad y limpieza de los dibujos	5-10 puntos
Coordinación en tamaño y espacio	5-10 puntos
Los dibujos se asocian al tema	5-10 puntos

CONSULTAS:

No se permiten, cada participante debe responder su pregunta sin consultar con sus compañeros.

INFRACCIÓN:

Si otro participante responde la pregunta que se le formula alguno de sus compañeros o si alguien del público dice la respuesta en voz alta, se anula la participación de este equipo, únicamente en este juego.

SUGERENCIA DE TEMAS:

1. Jesús llevado al cielo, Hechos 1:1-11
2. El Espíritu Santo desciende en Pentecostés, Hechos 2:1-12
3. Ananías y Safira, Hechos 5:1-11
4. A orillas del río en Filipos, Hechos 16:11-15
5. El Naufragio, Hechos 27:27-44

PUNTAJE
30 puntos

TIEMPO
3 minutos

PARTICIPANTES
5 por equipo

MODALIDAD
Un equipo a la vez

MATERIALES
- Sobres de manila con el dibujo base y el cuestionario de cinco preguntas. (tanto el dibujo como las preguntas son diferentes para cada equipo)
- Masquing tape o sellador
- Marcador.

DÍGALO DIBUJANDO

DESARROLLO:

1. El moderador sortea el orden de participación y los sobres con dos temas o personajes por equipo.
2. Los dos participantes de un equipo se pararán a una distancia de 2 metros de la pizarra o pared.
3. El moderador le dirá en el oído al participante A el tema o personaje que le corresponde, deberá hacer dibujos en su lado del papel o pizarra en un máximo de 1 minuto.
4. Pasado el minuto de dibujo, su compañero, es decir el participante B, deberá describir qué tema o personaje es el que su compañero dibujó.
5. Si acierta, los jueces le otorgan 15 puntos.
6. Luego se invierten los roles, el participante B, dibujará el tema que a él o ella le corresponde y el participante A lo deberá describir. Si su descripción es correcta, se sumarán otros 15 puntos.

CONSULTAS:

No se permiten.

INFRACCIÓN:

Si alguien del público dice en voz alta alguna respuesta, se sanciona al equipo anulando su participación en este juego únicamente.

SUGERENCIA DE TEMAS:

- Puede utilizar los mismos temas de collage.
- Puede utilizar los mismos personajes de títeres.

PUNTAJE

30 puntos (15 por participante)

TIEMPO

1 minuto para dibujar, 1 para describir

PARTICIPANTES

2 por equipo

MODALIDAD

Un equipo a la vez

MATERIALES

- Sobres con dos temas o personajes por equipo.
- Pliego de papel de base o pizarra
- Marcadores.

EMOCIÓN-ARTE (JUEGO NUEVO)

DESARROLLO:

Este juego se diseñó pensando en que el coach de cada equipo debe enseñar a los niños sobre emociones y cómo gestionarlas.

1. El moderador sortea el orden para exponer.
2. A cada participante se le entrega una hoja con dos siluetas de rostros (hombre/mujer) y un marcador.
3. El moderador dirá el nombre de un personaje(s) y un evento en el que el personaje(s) sintió alguna emoción, por ejemplo: "Pablo en el Naufragio"
4. Cada participante deberá dibujar las expresiones faciales que correspondan a la emoción que el personaje sintió, en este caso, el dibujo lo hará sobre la silueta masculina. Para esto, tendrán 1 minuto. (En caso de que se hable de varios personajes como guardias, iglesia, etc. puede usar ambas siluetas).
5. Después del minuto de dibujo, de acuerdo al orden que se sorteó, cada participante les dará una explicación a los jueces sobre la emoción y por qué cree que el personaje la sintió.
6. Para este juego se toma en cuenta la siguiente escala de evaluación:

Claridad y limpieza del dibujo	5-10 puntos
Explicación	5-10 puntos

CONSULTAS:

No se permiten.

INFRACCIÓN:

Si algún participante intenta ver o replicar lo que otro equipo esté haciendo, el juez lo indica y se anula su participación en este juego.

SUGERENCIA DE TEMAS:

- Hombres Galileos viendo al cielo, Hechos 1:9-10
- La comunidad de los creyentes, Hechos 2:41-47
- La iglesia y todos los que se enteraron de la muerte de Ananías y Safira, Hechos 5:10-11
- Los defensores de la circuncisión cuando se enteraron que el Espíritu Santo se derramó sobre los gentiles, Hechos 10:45
- Los guardias cuando se enteraron que Pablo y Silas eran ciudadanos romanos, Hechos 16:38

PUNTAJE
20 puntos

TIEMPO
1 minuto para dibujar, 1 para exponer

PARTICIPANTES
1 por equipo

MODALIDAD
Simultaneo para dibujar y uno a la vez para exponer

MATERIALES
- Hoja con siluetas de rostros (hombre/mujer)
- Marcadores

molestia	confusión	Decepción	disgusto
vergüenza	alegría	Frustración	furia
felicidad	Inocencia	irritación	soledad
nervios	paz	orgullo	tristeza
miedo	shok	enfermo	chistoso
Asombro	Sospecha	Cansancio	Preocupación

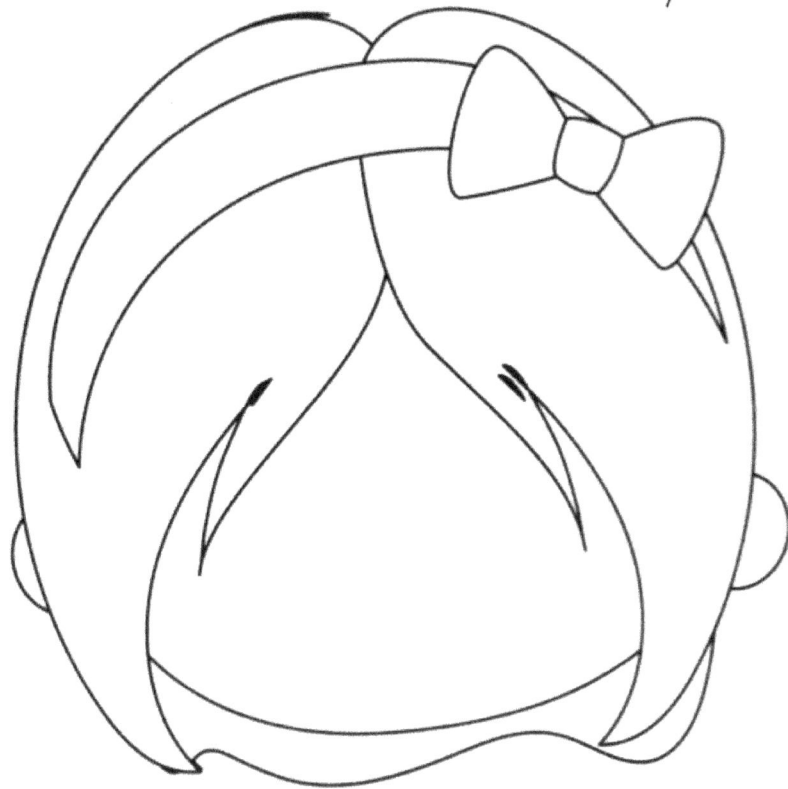

TÍTERE

DESARROLLO:

1. El moderador sortea los personajes y el orden en el que los equipos darán su explicación.
2. El moderador dispone la misma cantidad de materiales para cada equipo en una mesa o en el suelo.
3. Tendrán 5 minutos para la elaboración del títere.
4. Pasados los 5 minutos, de acuerdo al orden sorteado, cada equipo hará una presentación creativa de su títere.
5. Se debe tomar en cuenta la siguiente escala de evaluación:

   Limpieza en la elaboración del títere 5-10 puntos
   Creatividad de la presentación   5-10 puntos
   Adecuación de los materiales   5-10 puntos

CONSULTAS:

Se permiten únicamente entre los dos miembros del equipo.

INFRACCIÓN:

Se le descuentan 5 puntos al equipo que este hablando entre si cuando otro equipo este haciendo su presentación.

PERSONAJES:

- Pablo
- Pedro
- Dorcas
- Silas
- Bernabé
- Felipe
- Lidia
- Timoteo
- Aquila
- Priscila

PUNTAJE

30 puntos

TIEMPO

5 minutos para elaborar el títere
y
1 minuto para la presentación

PARTICIPANTES

2 por equipo

MODALIDAD

Simultanea para la elaboración, un equipo a la vez para la presentación

MATERIALES

- Sobres con los nombres de los personajes.
- Bolsas medianas de papel craft
- Papel de diferentes colores y texturas.
- Marcadores, tijeras, pegamento, lana, ojos móviles, etc.

CATEGORÍA DE ACTUACIÓN

La actuación consiste en representar un personaje de forma integral, para ello es necesario que el actor, el niño/a, conozca el personaje y lo pueda evocar con su expresión corporal y voz.

En esta categoría el objetivo es el de desarrollar en el niño y la niña la habilidad de expresar con su cuerpo un mensaje espiritual que conlleva el estudio de la Palabra de Dios.

ALGUNAS IDEAS:

- Cree un ambiente de respeto y un espíritu positivo en los niños/as para que no se burlen o rían cuando alguno de sus compañeros participe en esta categoría.

- Realice ejercicios que permitan al niño/a ganar confianza en sí mismo y perder la timidez.

Para una demostración local, distrital, de zona, nacional, etc. el moderador elegirá

1 juego de actuación

Los equipos sabrán los juegos que se realizarán únicamente hasta el día de la demostración.

ACRÓSTICO

DESARROLLO:

1. El moderador sortea los personajes y el orden en el que los equipos darán su explicación.
2. El moderador le entrega una cartulina y marcadores a cada equipo.
3. Tendrán 5 minutos para la escribir su acróstico.
4. Pasados los 5 minutos, de acuerdo al orden sorteado, cada equipo hará una presentación creativa de su acróstico.
5. Se debe tomar en cuenta la siguiente escala de evaluación:

   Ademanes   5-10 puntos
   Coordinación entre los 2 miembros del equipo 5-10 puntos
   Entonación   5-10 puntos
   Creatividad   5-10 puntos
   Contenido relacionado con el tema de estudio 5-10 puntos

CONSULTAS:

Se permiten únicamente entre los dos miembros del equipo.

INFRACCIÓN:

Se le descuentan 5 puntos al equipo que esté hablando entre si cuando otro equipo este haciendo su presentación.

PERSONAJES:

- Pablo
- Pedro
- Dorcas
- Felipe
- Timoteo
- Aquila
- Priscila

PUNTAJE
50 puntos

TIEMPO
5 minutos para elaborar el acróstico y
1 minuto para la presentación

PARTICIPANTES
2 por equipo

MODALIDAD
Simultanea para la elaboración, un equipo a la vez para la presentación

MATERIALES
- Sobres con los nombres de los personajes.
- Cartulinas
- Marcadores

DECLAMACIÓN

DESARROLLO:

1. El moderador sortea el orden en el que pasan los equipos.
2. Cada equipo tendrá como máximo 1 minuto para presentar su poema.
3. Se debe considerar la siguiente escala de evaluación:

Ademanes   5-10 puntos
Coordinación entre los 2 miembros del equipo 5-10 puntos
Entonación   5-10 puntos
Letra inédita   5-10 puntos
Contenido relacionado con el tema de estudio 5-10 puntos

CONSULTAS:

No se permiten.

INFRACCIÓN:

Se le descuentan 5 puntos al equipo que esté hablando entre si cuando otro equipo este haciendo su presentación.

EJEMPLO:

De sus ojos escamas cayeron, era la transformación que Jesús le dio
Con ojos nuevos la visión recibió, predicar el evangelio en toda nación
Comprendió que no era solo para judíos, para gentiles también.
¡Aleluya Cristo lo cambió!

Recorriendo los pueblos, las calles y las sinagogas con poder entregaba la palabra. Unos le escuchaban, otros creían y hubo quienes lo perseguían, sufrió con paciencia lo que el mismo hacía.
¡Aleluya Cristo lo cambió!

Hacia el final de sus días, persistió en la predicación y enseñanza, encarcelado en su casa, a sus discípulos enviaba, siguiendo el ejemplo del maestro, cumpliendo su misión no se cansaba.
¡Aleluya Cristo lo cambió!

PUNTAJE
50 puntos

TIEMPO
1 minuto

PARTICIPANTES
2 por equipo

MODALIDAD
Un equipo a la vez

MATERIALES

DÍGALO CON MÍMICA

DESARROLLO:

1. El moderador sortea el orden de participación y los temas.
2. El equipo asigna a un participante para hacer la mímica, los otros cuatro deberán adivinar el tema con las mímicas de su compañero, para ello tendrán un máximo de 2 minutos.
3. Al estar seguros de la respuesta, la deberán decir, si es correcta anotan el punteo para su equipo, si no es correcta, el moderador dará la respuesta y continuará con el siguiente equipo.

CONSULTAS:

Solamente entre los 4 participantes que deben adivinar el tema.

INFRACCIÓN:

Si el público presente u otros miembros del equipo interrumpen diciendo posibles respuestas, el juez lo indica y el moderador anula la participación del equipo en este juego únicamente.

SUGERENCIA DE TEMAS:

1. Jesús llevado al cielo, Hechos 1:1-11
2. El Espíritu Santo desciende en Pentecostés, Hechos 2:1-12
3. Ananías y Safira, Hechos 5:1-11
4. A orillas del río en Filipos, Hechos 16:11-15
5. El Naufragio, Hechos 27:27-44

PUNTAJE
25 puntos

TIEMPO
2 minutos

PARTICIPANTES
5 por equipo

MODALIDAD
Un equipo a la vez

MATERIALES
- Sobres con los temas (diferentes para cada equipo).

DRAMA

DESARROLLO:

1. El moderador sortea el orden de participación y los temas.
2. Cada equipo tendrá 5 minutos para prepararse con ayuda de su coach, deben tomar en cuenta que el vestuario, escenografía, decoración, etc. lo deben conseguir en ese momento, utilizando lo que este a la mano y que el tema debe ser traído a la actualidad.
3. Pasados los 5 minutos, el moderador pedirá a los coaches que se retiren y cada equipo tendrá un máximo de 5 minutos para presentar su drama.
4. Se debe tomar en cuenta la siguiente escala de evaluación:

Participación de todo el equipo	5-10 puntos
Capacidad de representación	5-10 puntos
Fluidez del diálogo	5-10 puntos
Uso de los recursos disponibles	5-10 puntos
Conservación de la enseñanza	5-10 puntos

CONSULTAS:

Durante los primeros 5 minutos pueden consultar con el coach y entre ellos, durante la presentación no deben consultarse.

INFRACCIÓN:

Se descuentan 10 puntos al equipo que esté hablando entre ellos mientras otro equipo se presenta.

SUGERENCIA DE TEMAS:

- Ananías y Safira, Hechos 5:1-11
- La conversión de Saulo, Hechos 9:1-19
- En Antioquía de Pisidia, Hechos 13:13-25
- Pablo en el areópago, Hechos 17:16-28
- Priscila, Aquila y Apolos, Hechos 18:18-28
- El Naufragio, Hechos 27:27-44

PUNTAJE

50 puntos máximo

TIEMPO

5 minutos

PARTICIPANTES

Todo el equipo

MODALIDAD

Un equipo a la vez

MATERIALES

- Sobres con los temas (diferente para cada equipo).
- Hojas
- Lápices o lapiceros

ULTIMA HORA

DESARROLLO:

1. El moderador sortea el orden de participación y los temas.
2. Cada equipo tendrá 3 minutos para redactar de forma creativa una noticia basada en el tema que les tocó.
3. Pasados los 3 minutos, solamente un participante de cada equipo deberá leer su noticia en un máximo de 1 minuto.
4. Se debe tomar en cuenta la siguiente escala de evaluación:

Creatividad	5-10 puntos
Contenido relacionado con el tema de estudio	5-10 puntos
Fluidez del discurso	5-10 puntos

CONSULTAS:

Únicamente se permiten entre los 4 participantes durante los primeros 4 minutos, además pueden consultar la biblia.

INFRACCIÓN:

Se descuentan 10 puntos al equipo que estén hablando entre ellos mientras otro equipo se presenta.

SUGERENCIA DE TEMAS:

- Ananías y Safira, Hechos 5:1-11
- La conversión de Saulo, Hechos 9:1-19
- Pablo en el areópago, Hechos 17:16-28
- Visita de Pablo a Troas Hechos 20:7-12
- Conspiración para matar a Pablo, Hechos 23:12-22
- Pablo ante Agripa, Hechos 25:23-27
- El Naufragio, Hechos 27:27-44

PUNTAJE
30 puntos máximo

TIEMPO
4 minutos

PARTICIPANTES
4 por equipo

MODALIDAD
Un equipo a la vez

MATERIALES
- Hojas
- Lapicero

CATEGORÍA DE MÚSICA

La música es el arte de organizar los sonidos de forma sensible y coherente, con armonía, melodía y ritmo; el objetivo de esta categoría es enseñar al niño/a alabar de forma inteligente a Dios, pues lo harán con el conocimiento de la Palabra, con un fundamento bíblico y conocimiento espiritual.

ALGUNAS IDEAS:

- Solicite ayuda a los miembros del ministerio de alabanza.
- Propicie pequeños tiempos de alabanza en sus reuniones con el equipo.
- Identifique si algún niño/a tiene habilidades con los instrumentos o una voz privilegiada.
- Permita que los niños/as participen en la creación del canto inédito, así desarrollaran su creatividad.

Para una demostración local, distrital, de zona, nacional, etc. el moderador elegirá

1 juego de música

Los equipos sabrán los juegos que se realizarán únicamente hasta el día de la demostración.
En cuanto al **CANTO INÉDITO,** este se debe presentar en la demostración final.

CANTANDO EL TEXTO

DESARROLLO:

1. El moderador sortea el orden de participación y los textos.
2. Cada equipo tendrá 1 minuto para leer el texto y ponerse de acuerdo.
3. Pasado el primer minuto y conforme al orden de participación, cada equipo presentará su texto cantándolo de forma creativa.
4. Se debe tomar en cuenta la siguiente escala de evaluación:

Creatividad de la presentación	5-10 puntos
Entonación y armonía	5-10 puntos

CONSULTAS:

Durante el primer minuto pueden consultar con su coach.

INFRACCIÓN:

Se descuentan 10 puntos al equipo que esté hablando entre ellos mientras otro equipo se presenta.

SUGERENCIA DE TEXTOS:

Utilice los textos que se encuentran en la lista de textos para memorizar.

PUNTAJE
20 puntos

TIEMPO
2 minutos

PARTICIPANTES
Todo el equipo

MODALIDAD
Un equipo a la vez

MATERIALES
- 1 Texto de la lista de textos a memorizar para cada equipo.

CANTO INÉDITO

DESARROLLO:

Cada equipo deberá escribir un canto relacionado al tema de estudio, esto lo deben hacer con anticipación y ayuda de su coach, también pueden solicitar ayuda a miembros del ministerio de alabanza.

Se deben tomar las siguientes consideraciones:

- Letra inédita (inventada por el equipo)
- Letra relacionada con el tema de estudio.
- Música no necesariamente inédita, (utilizada en el medio cristiano)
- Dos estrofas como mínimo, cuatro como máximo.
- Tiempo máximo de duración tres minutos.

1. El moderador sortea el orden de participación.
2. Cada equipo tendrá un máximo de 3 minutos para presentar su canto, idealmente con música, mímicas y/o coreografía.
3. Se debe tomar en cuenta la siguiente escala de evaluación:

Letra inédita	5-10 puntos
Letra relacionada al tema de estudio	5-10 puntos
Música (entonación, armonía)	5-10 puntos
Creatividad en la presentación	5-10 puntos
Participación del equipo completo	5-10 puntos

PUNTAJE
50 puntos

TIEMPO
3 minutos

PARTICIPANTES
Todo el equipo

MODALIDAD
Un equipo a la vez

MATERIALES

CONSULTAS:

No se permiten.

INFRACCIÓN:

Se descuentan 20 puntos al equipo que estén hablando entre ellos mientras otro equipo se presenta.

RULETA MUSICAL (JUEGO NUEVO)

DESARROLLO:

1. El moderador sortea el orden de participación y coloca la ruleta al frente de los espectadores.
2. Los participantes hacen una fila en el orden de participación a tres metros de distancia de la ruleta.
3. Cada niño/niña girará la ruleta y acorde al personaje que le corresponda tendrá como máximo 1 minuto para cantar un pequeño jingle musical. (estos jingles musicales deben ser preparados con anticipación con la ayuda del coach).
4. Se debe tomar en cuenta la siguiente escala de evaluación:

Creatividad de la presentación	5-10 puntos
Entonación y armonía	5-10 puntos

CONSULTAS:

No se permiten

INFRACCIÓN:

Se descuentan 10 puntos al equipo que esté hablando entre ellos mientras otro equipo se presenta.

SUGERENCIA DE PERSONAJE:

- Pablo
- Pedro
- Dorcas
- Felipe
- Timoteo
- Aquila
- Priscila

PUNTAJE
20 puntos

TIEMPO
1 minuto

PARTICIPANTES
1 por equipo

MODALIDAD
Un equipo a la vez

MATERIALES
- Ruleta de personajes

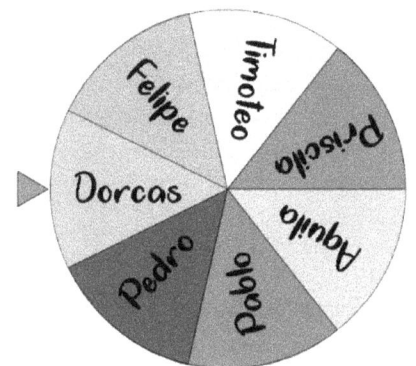

GUÍA PARA LA MODALIDAD DE ESGRIMA BÍBLICO CON PREGUNTAS Y RESPUESTAS

ESGRIMA BÍBLICO INFANTIL

El Esgrima Bíblico Infantil es una parte opcional de los *Estudios Bíblicos para Niños*. Cada iglesia, y cada niño o niña, decide si participará en una serie de eventos competitivos.

Las competencias de Esgrima siguen las reglas que se describen en este libro. Los niños no compiten entre sí para determinar a un ganador. Las iglesias no compiten entre sí para determinar a una ganadora.

El propósito del Esgrima es que ayude a los niños a determinar lo que aprendieron acerca de la Biblia, disfrutar de los eventos de competencia, y crecer en su capacidad para mostrar actitudes y conductas cristianas durante los eventos competitivos.

En el Esgrima, cada niño o niña se desafía a sí mismo o a sí misma a fin de alcanzar un nivel digno de premio. En este acercamiento, los niños compiten contra una base de cono-cimiento, no unos contra otros. El Esgrima usa un acercamiento de opciones múltiples, permitiendo que cada participante responda todas las preguntas. Las preguntas con opciones múltiples ofrecen varias res-puestas, y el niño escoge la correcta. Este acercamiento hace posible que todos los niños resulten ganadores.

MATERIALES PARA EL ESGRIMA

Cada niño necesita números en el Esgrima para responder las preguntas. Los números para el Esgrima son cuatro cuadrados de cartón, cada uno de los cuales tiene una etiqueta en el extremo superior con los números 1, 2, 3 y 4 respectivamente. Los números entran en una caja de cartón.

Usted puede hacer las cajas y los números de cartón para el Esgrima, como se ven aquí, se pueden comprar del Nazarene Publishing House en Kansas City, Missouri, Estados Unidos.

Si en su área no consigue las cajas y los números para el Esgrima, puede hacer sus propios números usando cartulina, platos de cartón, madera o el material que tenga disponible. Cada niño necesita un juego de números para el Esgrima.

Cada grupo de niños necesitará a una persona para que anote los puntos por sus respuestas. Al final de esta guía hay una hoja para puntaje de la cual pueden hacer copias. Use esta hoja para puntaje para mantener registro de las respuestas de cada niño.

Si es posible, entregue algún tipo de premio por el desempeño de los niños en cada competencia de Esgrima. Los premios que sugerimos son: certificados, ilustraciones adhesivas (pegatinas), cintas, trofeos o medallas. Al final de esta guía incluimos modelos de certificados.

Por favor, sigan estas reglas. Las competencias que no se realicen de acuerdo con las *Reglas y Procedimientos Oficiales del Esgrima Infantil* no calificarán para otros niveles de competencia.

EDADES Y GRADOS ESCOLARES

Los niños del 1° al 6° grado pueden participar en las competencias de Esgrima Infantil. Los que estén en 7o grado, no importa su edad, participan en el Esgrima de Adolescentes.

TIPOS DE COMPETENCIA

Competencia por Invitación Una competencia por invitación se realiza entre dos o más iglesias. Los directores locales de Esgrima Infantil, directores de zona/área de Esgrima Infantil, o directores distritales de Esgrima Infantil pueden organizar competencias por invitación. Las personas que organicen una competencia por invitación tienen la responsabilidad de preparar las preguntas para la competencia.

Competencia de Zona/Área

Cada distrito puede tener agrupaciones más pequeñas de iglesias que se denominan zonas. Si una zona tiene más esgrimistas que otra, el director distrital de Esgrima Infantil puede separar o combinar las zonas para crear áreas con una distribución más equitativa de esgrimistas. El término "área" significa que las zonas se han combinado o dividido. Las iglesias ubicadas en cada zona/área compiten en esa zona/área. El director distrital de Esgrima Infantil organiza la competencia. En las competencias de zona/ área se usan las preguntas oficiales.

Competencia Distrital

Los niños avanzan de la competencia de zona/área a la competencia de distrito. El director distrital de Esgrima Infantil determina las cualificaciones para la competencia y la organiza.

En las competencias distritales se usan las preguntas oficiales.

Competencia Regional

La competencia regional se realiza entre dos o más distritos. Cuando hay un director regional de Esgrima Infantil, él o ella determina las cualificaciones para la competencia y la organiza.

Si no hay un director regional, los directores de los distritos participantes organizan la competencia. En las competencias regionales se usan las preguntas oficiales.

Competencia Mundial de Esgrima

Cada cuatro años, la Oficina General de Esgrima Infantil en conjunto con Ministerios de Escuela Dominical y Discipulado Internacional patrocina un Esgrima Mundial. La Oficina General de Esgrima Infantil determina las fechas, los lugares, los costos, las fechas de las eliminatorias, y el proceso eliminatorio general para todas las competencias de Esgrima Mundial.

Envíe un mensaje electrónico a ChildQuiz@nazarene.org para solicitar más información.

DIRECTOR DISTRITAL DE ESGRIMA INFANTIL

El director distrital de Esgrima Infantil realiza todas las competencias de acuerdo con las Reglas y Procedimientos Oficiales del Esgrima Infantil. Él o ella tiene la autoridad para agregar procedimientos adicionales de Esgrima en el distrito, siempre y cuando no estén en conflicto con las Reglas y Procedimientos Oficiales del Esgrima Infantil. Cuando es necesario, el director distrital de Esgrima Infantil se pone en contacto con la Oficina General de Esgrima Infantil, para solicitar un cambio específico en las Reglas y Procedimientos Oficia-les del Esgrima Infantil para un distrito. El director distrital de Esgrima Infantil hace decisiones y resuelve problemas dentro de las directrices de las Reglas y Procedimientos Oficiales del Esgrima Infantil. Si es necesario, el director distrital de Esgrima Infantil se pone en contacto con la Oficina General de Esgrima Infantil para solicitar una decisión oficial respecto a una situación específica.

DIRECTOR REGIONAL DE ESGRIMA INFANTIL

El director regional de Esgrima Infantil crea un equipo regional de liderazgo de Esgrima Infantil, que consiste de todos los directores distritales de Esgrima Infantil en la región. El director regional de Esgrima Infantil permanece en contacto con este equipo para que los procedimientos se mantengan consistentes en toda la región. Él o ella realiza y organiza las competencias regionales de acuerdo con las Reglas y Procedimientos Oficiales del Esgrima Infantil. El director regional de Esgrima Infantil se pone en contacto con la Oficina General de Esgrima Infantil para solicitar cualquier cambio en las Reglas y Procedimientos Oficiales del Esgrima Infantil para una región específica. Ante cualquier conflicto que pudiera surgir, él o ella lo resuelve aplicando las directrices de las Reglas y Procedimientos Oficiales del Esgrima Infantil. Si es necesario, el director regional de Esgrima Infantil se pone en contacto con la Oficina General de Esgrima Infantil para solicitar una decisión oficial respecto a una situación específica. Él o ella se pone en contacto con la Oficina General de Es-grima Infantil para incluir la fecha del es-grima regional en el calendario de la iglesia general.

En los Estados Unidos y Canadá, el cargo de director regional de Esgrima Infantil es un puesto en desarrollo. Actualmente esa persona no preside sobre los directores distritales de Esgrima Infantil en la región.

MODERADOR DEL ESGRIMA

El moderador lee las preguntas en la competencia de Esgrima. El moderador lee dos veces la pregunta y las respuestas de opción múltiple antes que los niños respondan la pregunta. Él o ella sigue las Reglas y Procedimientos Oficiales del Esgrima Infantil establecidos por la Oficina General de Esgrima Infantil y el director distrital/coordinador regional de Esgrima Infantil. En caso de un conflicto, la autoridad final es el director distrital/regional de Esgrima Infantil, quien consulta las Reglas y Procedimientos Oficiales del Esgrima Infantil. El moderador puede participar en diálogos con los anotadores del puntaje 153 y el director distrital/regional de Esgrima Infantil respecto a un cuestionamiento. El moderador puede establecer un receso.

ANOTADOR DEL PUNTAJE

El anotador del puntaje lleva registro de las respuestas de un grupo de niños. Él o ella puede participar en diálogos con los anotadores del puntaje y el director distrital/regional de Esgrima Infantil respecto a un cuestionamiento. Todos los anotadores del puntaje deben usar el mismo método y los mismos símbolos para asegurar el conteo correcto de los puntos.

PREGUNTAS OFICIALES DEL ESGRIMA

El director distrital de Esgrima Infantil es la única persona en el distrito que pue-de obtener una copia de las preguntas oficiales de la competencia de zona/área y distrito.

El director regional de Esgrima Infantil es la única persona en la región que puede obtener una copia de las preguntas oficia-les de la competencia regional. Si no hay un director regional de Esgrima Infantil, un director distrital de Esgrima Infantil, cuyo distrito esté participando, puede obtener una copia de las preguntas oficiales de la competencia regional.
Cada año se enviarán por correo electrónico los formularios para solicitar las preguntas oficiales anuales. Contacte la Oficina General de Esgrima Infantil en ChildQuiz@nazarene.org para actualizar su dirección electrónica. A quienes las soliciten, las preguntas oficiales les llegarán por correo electrónico.

MÉTODOS DE COMPETENCIA

Hay dos métodos de competencia.

Método Individual

En el método individual de competencia, los niños compiten como individuos. El puntaje de cada niño está separado de todos los demás puntajes. Los niños de una misma iglesia pueden sentarse juntos, pero los puntajes individuales no se suman para obtener un puntaje como iglesia o equipo. No hay preguntas adicionales para los esgrimistas individuales.

El método individual es el único que se puede usar para la competencia de Nivel Básico.

Método Combinado

El método combinado une la competencia de esgrima individual y la de equipo. En este método, las iglesias pueden enviar esgrimistas individuales, equipos o una combinación a la competencia.

El director distrital de Esgrima Infantil determina el número de niños que se necesitan para formar un equipo. Todos los equipos deben tener el mismo número de esgrimistas. El número de niños que se recomienda para un equipo es cuatro o cinco.

Los niños de iglesias que no tienen suficientes esgrimistas para formar un equipo, pueden competir como esgrimistas individuales.

En el método combinado, los equipos califican para preguntas adicionales. Los puntos adicionales, otorgados por una respuesta correcta a una pregunta adicional, llegan a ser parte del puntaje total del equipo en vez de contarse como puntaje individual de un esgrimista. Hay preguntas adicionales con las preguntas oficiales para las competencias de zona/área, distrital y regional. Generalmente las preguntas adicionales consisten en decir un versículo de memoria.

El director distrital de Esgrima Infantil selecciona ya sea el método individual o el método combinado para la competencia de Nivel Avanzado.

EMPATES

Cuando esgrimistas individuales o equipos obtienen el mismo puntaje final, nunca se hace el desempate. Todos los esgrimistas individuales o equipos que empaten reciben el mismo reconocimiento, el mismo premio, y avanzan igualmente al siguiente nivel de competencia

PREGUNTAS ADICIONALES

Las preguntas adicionales son parte del Nivel Avanzado, pero solamente con equipos, no individuos. Los equipos deben calificar para una pregunta adicional. Las preguntas adicionales se hacen después de las preguntas 5, 10, 15 y 20.

A fin de calificar para una pregunta adicional, un equipo sólo puede tener tantas respuestas incorrectas como el número de miembros que hay en el equipo. Por ejemplo, un equipo de cuatro miembros puede tener cuatro o menos respuestas incorrectas.
Un equipo de cinco miembros puede tener cinco o menos respuestas incorrectas. Los puntos adicionales por una respuesta correcta llegan a ser parte del puntaje total del equipo, no del puntaje individual del niño.

El director distrital de Esgrima Infantil determina la manera en que los niños responden las preguntas adicionales. En la mayoría de los casos, el niño da la respuesta oralmente al anotador del puntaje.

Antes que se lea la pregunta adicional, el director local de Esgrima Infantil escoge a un miembro del equipo para que responda la pregunta adicional. El mismo niño puede responder todas las preguntas adicionales en una competencia, o un niño diferente puede responder cada pregunta adicional.

RECESOS [TIEMPO MUERTO]

El director distrital de Esgrima Infantil determina el número de recesos para cada iglesia. Cada iglesia recibe el mismo número de recesos, sin importar el número de esgrimistas individuales o equipos que tenga esa iglesia. Por ejemplo, si el director distrital decide dar un receso, cada iglesia recibe un receso.

El director distrital de Esgrima Infantil determina si habrá un receso automático durante la competencia, y el momento específico en que se dará el receso en cada competencia.

El director local de Esgrima Infantil es la única persona que puede pedir un receso para el equipo de una iglesia local.

El director distrital de Esgrima Infantil o el moderador puede pedir un receso en cualquier momento.

El director distrital de Esgrima Infantil, antes que empiece la competencia, determina la duración máxima de los recesos para la competencia.

PUNTAJE

Hay dos métodos para ganar puntos. El director distrital de Esgrima Infantil selecciona el método.

Cinco Puntos

• Dar cinco puntos por cada respuesta correcta. Por ejemplo, si un niño responde correctamente 20 preguntas en una vuelta de Nivel Avanzado, el niño gana un total de 100 puntos.

• Dar cinco puntos por cada respuesta adicional correcta en una vuelta de Nivel Avanzado de Esgrima en equipo. Por ejemplo, si cada miembro de un equipo de cuatro personas responde correctamente 20 preguntas en una vuelta de Nivel Avanzado, y el equipo responde correctamente cuatro preguntas adicionales, el equipo gana un total de 420 puntos.

En el Nivel Básico el puntaje será menor porque sólo hay 15 preguntas en cada vuelta, y solamente es una competencia individual.

Un Punto

Dar un punto por cada respuesta correcta de la siguiente manera:

• Dar un punto por cada respuesta correcta. Por ejemplo, si un niño responde correctamente 20 preguntas en una vuelta de Nivel Avanzado, el niño gana un total de 20 puntos.

• Dar un punto por cada respuesta adicional correcta en una vuelta de Nivel Avanzado de Esgrima en equipo. Por ejemplo, si cada miembro de un equipo con cuatro personas responde correctamente 20 preguntas en una vuelta de Nivel Avanzado, y el equipo responde correctamente cuatro preguntas adicionales, el equipo gana un total de 84 puntos.

En el Nivel Básico el puntaje será menor porque sólo hay 15 preguntas en cada vuelta, y solamente es una competencia individual.

CUESTIONAMIENTOS

Los cuestionamientos deben ser una excepción y no son comunes durante una competencia.

Presente un cuestionamiento sólo cuando la respuesta marcada como correcta en las preguntas es realmente incorrecta de acuerdo con la referencia bíblica dada para esa pregunta. Los cuestionamientos presentados por cualquier otra razón son inválidos.

Un esgrimista, un director de Esgrima Infantil, o cualquier otro participante en la competencia no puede presentar un cuestionamiento porque le desagrade la redacción de una pregunta o respuesta, o porque piense que una pregunta es demasiado difícil o confusa.

El director local de Esgrima Infantil es la única persona que puede presentar el cuestionamiento de una pregunta de la competencia.

Si una persona, que no sea el director local de Esgrima Infantil, intenta presentar un cuestionamiento, éste automáticamente se considera como "inválido".

Las personas que presentan cuestionamientos inválidos interrumpen la competencia y causan que los niños pierdan la concentración. Las personas que continuamente presenten cuestionamientos inválidos, o creen problemas discutiendo acerca de la decisión respecto a un cuestionamiento, perderán su privilegio de cuestionar preguntas por el resto de la competencia.

El director distrital de Esgrima Infantil, o el moderador en caso de ausencia del director distrital de Esgrima Infantil, tiene la autoridad para quitar el privilegio de cuestionar preguntas a alguna persona o a todas las personas que abusen de ese privilegio.

El director distrital de Esgrima Infantil determina cómo cuestionar una pregunta de la competencia antes del inicio de la competencia.

• ¿Será el cuestionamiento escrito o verbal?

• ¿Cuándo puede una persona cuestionar (durante una competencia o al final de ésta)?

En el inicio del año de esgrima, el director distrital de Esgrima Infantil debe explicar a los directores locales de Esgrima Infantil el procedimiento para presentar cuestionamientos.

El moderador y el director distrital de Esgrima Infantil seguirán los siguientes pasos para decidir respecto al cuestionamiento.

• Determinen si el cuestionamiento es válido o inválido. Para hacerlo, escuchen la razón del cuestionamiento. Si la razón es válida, es decir, la respuesta dada como la respuesta correcta es incorrecta de acuerdo con la referencia bíblica, sigan los procedimientos para cuestionamientos que el distrito ha formulado.

• Si la razón del cuestionamiento es inválida, anuncien que el cuestionamiento es inválido y la competencia continúa.

Si más de una persona cuestiona la misma pregunta, el moderador o el director distrital de Esgrima Infantil selecciona a un director local de Esgrima para que explique la razón del cuestionamiento.

Después que una pregunta tiene un cuestionamiento, otra persona no puede cuestionar la misma pregunta.

Si un cuestionamiento es válido, el director distrital de Esgrima Infantil, o el moderador en caso de que esté ausente el director, determina cómo proceder con la pregunta cuestionada. Elija una de las siguientes opciones:

Opción A: Eliminar la pregunta y no remplazarla. El resultado es que una competencia de 20 preguntas será sólo de 19 preguntas.

Opción B: Dar a cada niño los puntos que él o ella recibiría por una respuesta correcta a la pregunta cuestionada.

Opción C: Remplazar la pregunta cuestionada. Hacer una pregunta nueva a los esgrimistas.

Opción D: Dejar que los niños que die-ron la respuesta que aparecía como la respuesta correcta en las preguntas oficiales conserven sus puntos. Dar otra pregunta a los niños que dieron una respuesta incorrecta.

NIVELES DE PREMIOS

El Esgrima Infantil tiene la filosofía de que todo niño tiene una oportunidad de responder a todas las preguntas, y que todo niño recibe reconocimiento por todas las respuestas correctas que da. Por tanto, el Esgrima Infantil usa la competencia de opciones múltiples, y los empates nunca se deshacen.

Los niños y las iglesias no compiten entre sí. Compiten para alcanzar un nivel de premiación. Todos los niños y todas las iglesias que alcanzan el mismo nivel de premiación, reciben el mismo premio. Los empates quedan como puntajes empatados.

Niveles de Premios que se Recomiendan:

- Premio de Bronce = 70-79% de respuestas correctas
- Premio de Plata = 80-89% de respuestas correctas
- Premio de Oro = 90-99% de respuestas correctas
- Premio Estelar de Oro = 100% de respuestas correctas Hagan todas las decisiones sobre puntajes y cuestionamientos antes de entregar los premios.

El moderador y los anotadores de puntaje deben estar seguros de que todos los puntajes finales son correctos antes de la entrega de premios.

Nunca le quiten el premio a un niño después que éste lo haya recibido. Si hay un error, los niños pueden recibir un premio superior, pero no un premio inferior. Esto se aplica a los premios individuales y a los premios de equipos.

ÉTICA EN LA COMPETENCIA

El director distrital de Esgrima Infantil es la persona en el distrito que tiene la responsabilidad de realizar las competencias de acuerdo con las Reglas y Procedimientos Oficiales del Esgrima Infantil.

• Escuchar las Preguntas Antes de la Competencia. Puesto que las competencias usan las mismas preguntas, no es apropiado que los niños y trabajadores asistan a otra competencia de zona/área, distrital o regional antes de participar en su propia competencia del mismo nivel. Si un trabajador adulto de Esgrima asiste a otra competencia, el director distrital de Esgrima Infantil puede hacer la decisión de descalificar a la iglesia de participar en su competencia. Si un padre y/o niño asiste a otra competencia, el director distrital de Esgrima Infantil puede hacer la decisión de descalificar a la iglesia de participar en su competencia.

• Conducta y Actitudes del Trabajador. Los adultos deben comportarse en una manera profesional y cristiana. Los diálogos respecto a desacuerdos con el director distrital de Esgrima Infantil, el moderador o los anotadores de punta-je deben realizarse en privado. Los trabajadores adultos de Esgrima no deben compartir con los niños información acerca del desacuerdo. Una actitud de cooperación y buen espíritu deportivo son importantes. Las decisiones y los fallos del director distrital de Esgrima Infantil son finales. Comunique estas decisiones en un tono positivo a los niños y adultos.

TRAMPA

Hacer trampa es algo serio. Trátelo seriamente. El director distrital de Esgrima Infantil, en diálogo con el Concilio de Ministerios de Niños del distrito, determina el procedimiento a seguir en caso de que un niño o un adulto haga trampa durante una competencia.

Asegúrese de que todos los directores locales de ministerios de niños, los pasto-res de niños y los directores locales de Es-grima Infantil reciban las reglas y procedimientos del distrito. Antes de acusar a un adulto o a un niño de haber hecho trampa, tenga pruebas o un testigo de que hubo trampa.

Asegúrese de que la competencia de esgrima continúe y que la persona acusa-da de hacer trampa no sea avergonzada delante de otros. El siguiente es un modelo de procedimiento.

• Si sospecha que un niño hizo trampa, pida a alguien que actúe como juez para observar las áreas, pero no señale a algún niño de quien se sospeche. Después de algunas preguntas, pida la opinión del juez. Si el juez no vio ninguna trampa, continúe con la competencia.

• Si el juez vio a un niño haciendo trampa, pídale al juez que lo confirme. No tome ninguna acción hasta que todos estén seguros.

• Explique el problema al director lo-cal de Esgrima Infantil, y pida al director que hable en privado con la persona acusada.

• El moderador, el juez y el director local de Esgrima Infantil deben observar si se continúa haciendo trampa.

• Si continúa haciendo trampa, el moderador y el director local de Es-grima Infantil deben hablar en privado con la persona acusada.

• Si continúa haciendo trampa, el moderador debe comunicar al director local de Esgrima Infantil que eliminará el puntaje del niño de la competencia oficial.

• En el caso de que un anotador de puntaje haya hecho trampa, el director distrital de Esgrima Infantil le pedirá al anotador que se retire, y otro anotador de puntaje ocupará su lugar.

• En el caso de que alguien de la audiencia haga trampa, el director distrital de Esgrima Infantil se hará cargo de la situación en la manera más apropiada.

DECISIONES NO RESUELTAS

Consulte con la Oficina General de Esgrima Infantil respecto a decisiones que no se hayan resuelto.

PREGUNTAS PARA LA COMPETENCIA BÁSICA

Hechos 1:1 - 2:47

Preguntas Para La Competencia Básica

A fin de preparar a los niños para la competencia, léales Hechos 1:1-11; 2:1-8, 12-21, 36-47.

1. ¿A quién se escribió el libro de Hechos? (1:1)
1. A César
2. A Lucas
3. *A Teófilo*

2. ¿Acerca de qué habló Jesús cuando se les apareció a los apóstoles durante cuarenta días? (1:3)
1. *Acerca del reino de Dios*
2. Acerca de su resurrección
3. Acerca de sus milagros

3. Mientras comía con los apóstoles, Jesús les mandó que no hicieran algo. ¿Qué les mandó? (1:4)
1. Que no comieran mucho
2. *Que no se fueran de Jerusalén*
3. Que no dijeran a nadie que lo habían visto

4. ¿Con qué bautizaba Juan? (1:5)
1. Con el Espíritu Santo
2. Con aceite
3. *Con agua*

5. Jesús dijo que los apóstoles recibirían algo después que el Espíritu Santo viniera sobre ellos. ¿Qué recibirían? (1:8)
1. Amor
2. *Poder*
3. Dones

6. Jesús dijo que los apóstoles serían sus testigos cuando viniera el Espíritu Santo. ¿Dónde debían ser testigos? (1:8)
1. En Jerusalén, en Judea y en Samaria
2. Hasta lo último de la tierra
3. *Ambas respuestas son correctas.*

7. ¿Quiénes profetizarán cuando Dios derrame de su Espíritu sobre toda carne? (2:17-18)
1. Los hijos y las hijas
2. Los siervos y siervas de Dios
3. *Ambas respuestas son correctas.*

8 ¿Cuántas personas se añadieron a los apóstoles el día de Pentecostés? (2:41)
1. Como 1,000
2. *Como 3,000*
3. Como 5,000

9. ¿En qué perseveraban los creyentes? (2:42)
1. En la comunión unos con otros y las oraciones
2. En el partimiento del pan
3. *Ambas respuestas son correctas.*

10. ¿Con qué frecuencia se reunían los creyentes? (2:46)
1. *Cada día*
2. Sólo los domingos
3. Una vez a la semana

Preguntas Para La Competencia Avanzada

1. Mientras Jesús comía con los apóstoles, ¿qué les dijo? (1:4-5)
1. Que no se fueran de Jerusalén
2. Que esperasen la promesa del Padre
3. Que serían bautizados con el Espíritu Santo
4. *Todas las respuestas son correctas.*

2. Jesús dijo que los apóstoles serían sus testigos cuando viniera el Espíritu Santo. ¿Dónde debían ser testigos? (1:8)
1. En Jerusalén
2. En toda Judea y Samaria
3. Hasta lo último de la tierra
4. *Todas las respuestas son correctas.*

3. ¿Qué dijeron los dos varones con vestiduras blancas? (1:10-11)
1. "No teman".
2. *"Jesús vendrá como le habéis visto ir al cielo".*
3. "Vayan a sus casas. No hay nada que ver aquí".
4. "Jesús fue a preparar lugar para ustedes".

4. ¿Qué sucedió cuando llegó el día de Pentecostés? (2:1-4)

1. Oyeron un estruendo como de un viento recio que soplaba.
2. Vieron lenguas repartidas, como de fuego, asentándose sobre cada uno de ellos.
3. Fueron todos llenos del Espíritu Santo y comenzaron a hablar en otras lenguas.
4. *Todas las respuestas son correctas.*

5. ¿Quiénes moraban en Jerusalén el día de Pentecostés? (2:5)

1. Cornelio y su familia
2. *Judíos piadosos de todas las naciones*
3. Jesús y los apóstoles
4. Tres mujeres llamadas María

6. Pedro citó a un profeta del Antiguo Testamento el día de Pentecostés. ¿Cuál profeta fue? (2:16-21)

1. Isaías
2. Jeremías
3. *Joel*
4. Samuel

7. ¿Qué dijo Pedro que debía saber toda la casa de Israel? (2:36)

1. *"A este Jesús, a quien vosotros crucificasteis, Dios le ha hecho Señor y Cristo".*
2. "Juan es el único que debería bautizar a la gente".
3. "Jesús nos hablará acerca de su regreso".
4. "Nosotros los apóstoles vimos a Jesús".

8. ¿Para quiénes es la promesa del Espíritu Santo? (2:38-39)

1. Para vosotros y vuestros hijos
2. Para todos los que están lejos
3. Para todos los que el Señor nuestro Dios llame
4. *Todas las respuestas son correctas.*

9. ¿Qué hacían los creyentes después que vendían sus propiedades y bienes? (2:45)

1. *Lo repartían a todos según la necesidad de cada uno.*
2. Guardaban el dinero para sí mismos.
3. Daban su dinero a la iglesia.
4. Se compraban otras cosas.

10. Completen este versículo: "Y nosotros somos testigos suyos de estas cosas, y también el Espíritu Santo, el cual ha dado Dios..." (Hechos 5:32)

1. *"... a los que le obedecen".*
2. "... a los que invocan su nombre".
3. "... a todo el que se lo pida".
4. "... a los que recibieron su espíritu".

Hechos 3:1-16; 4:1-22

Competencia Básica

1. ¿Cuándo fueron al templo Pedro y Juan? (3:1)

1. A la hora de la oración
2. A la hora novena
3. *Ambas respuestas son correctas.*

2. ¿Cuál era el nombre de la puerta del templo? (3:2)

1. La Grandiosa
2. *La Hermosa*
3. La Bella

3. ¿Qué sucedió después que Pedro tomó al cojo por la mano? (3:7-8)

1. *El cojo se puso en pie y anduvo.*
2. El cojo se cayó y empezó a llorar.
3. Pedro cargó al cojo y lo llevó al templo.

4. Por la fe en el nombre de Jesús, ¿qué le sucedió al cojo? (3:16)

1. Él llegó a ser predicador.
2. *Él recibió completa sanidad.*
3. Él recibió mucho dinero.

5. ¿Qué hicieron con Pedro y Juan los sacerdotes, el jefe de la guardia del templo y los saduceos? (4:1-3)

1. Trataron de matarlos.
2. Les pagaron por sanar al cojo.
3. *Les echaron mano y los pusieron en la cárcel.*

6. El número de creyentes creció después que Pedro y Juan sanaron al hombre. ¿A cuántos creció el número de varones? (4:4)

1. *Como 5,000*
2. Como 7,000
3. Como 10,000

7. Cuando Pedro habló a los gobernantes y ancianos del pueblo, ¿cómo lo describe el libro de Hechos? (4:8)
1. Pedro estaba emocionado.
2. *Pedro estaba lleno del Espíritu Santo.*
3. Pedro estaba temeroso.

8. ¿Quién es la piedra que los edificadores reprobaron, la cual ha venido a ser cabeza del ángulo? (4:10-11)
1. Pedro
2. *Jesús*
3. Juan

9. ¿Qué sucedió cuando los gobernantes y ancianos del pueblo vieron el denuedo de Pedro y Juan? (4:13)
1. Tuvieron miedo.
2. Se emocionaron.
3. *Se maravillaban.*

10. Después que Pedro y Juan sanaron al cojo, ¿qué les ordenaron los gobernantes y ancianos del pueblo? (4:18)
1. Que se fuesen a su casa a descansar.
2. Que contaran a todos lo que habían visto y oído.
3. *Que no hablasen ni enseñasen en el nombre de Jesús.*

Preguntas Para La Competencia Avanzada

1. ¿Qué hacía el hombre cojo en la puerta del templo llamada la Hermosa? (3:2)
1. Comía allí.
2. Vendía frutas y verduras.
3. *Pedía limosna cada día.*
4. Descansaba allí mientras otros adoraban a Dios.

2. ¿Cuánta plata y oro le dio Pedro al hombre cojo? (3:6)
1. *Nada*
2. 10 siclos
3. Medio siclo
4. 100 siclos

3. *Después que el cojo empezó a caminar, ¿qué hizo él? (3:8)*
1. Entró en el templo con Pedro y Juan.
2. Anduvo y saltó.
3. Alabó a Dios.
4. *Todas las respuestas son correctas.*

4. *¿De qué fueron testigos Pedro y Juan? (3:15)*
1. De que el cojo fingía su enfermedad
2. De que el cojo era ladrón
3. De que Dios resucitó a Jesús de los muertos
4. De que Jesús volvió así como había sido tomado al cielo

5. ¿Qué dio completa sanidad al hombre cojo? (3:16)
1. La magia
2. La medicina
3. **La fe**
4. El poder de Pedro

6. A Pedro y a Juan los pusieron en la cárcel. ¿Qué sucedió después? (4:3-4)
1. *Muchos de los que habían oído la palabra, creyeron, y el número de los varones era como cinco mil.*
2. El cojo que fue sanado quedó libre.
3. Pedro y Juan escaparon.
4. Todas las respuestas son correctas.

7. Según Pedro, ¿en el nombre de quién fue sanado el hombre? (4:9-10)
1. En el nombre de Pedro
2. En el nombre de Dios
3. En el nombre de los ciudadanos de Jerusalén
4. *En el nombre de Jesucristo de Nazaret*

8. Pedro y Juan dijeron que no podían dejar de decir algo. ¿Qué era? (4:19-20)
1. Del hombre que fue sanado
2. Cómo Jesús ascendió al cielo
3. *Lo que vieron y oyeron*
4. Cómo fueron maltratados en la cárcel

9. *¿Por qué los gobernantes permitieron que Pedro y Juan salieran libres? (4:21)*
1. Porque Pedro y Juan pagaron una multa
2. *Porque toda la gente glorificaba a Dios por lo que había sucedido*
3. Porque la cárcel estaba llena
4. Porque alguien los sobornó

10. *Completen este versículo: "Y en ningún otro hay salvación; porque no hay otro nombre bajo el cielo, dado a los hombres..." (Hechos 4:12)*
1. "... al cual debamos obedecer".
2. "... tan poderoso como el nombre de Jesús".
3. "... al que debamos temer".
4. *"... en que podamos ser salvos".*

Hechos 4:23—5:11
Competencia Básica

1. Después que Pedro y Juan dieron su informe, la gente oró. ¿Qué sucedió después? (4:31)
1. El lugar donde estaban reunidos tembló.
2. Todos fueron llenos del Espíritu Santo y hablaban con denuedo la palabra de Dios.
3. *Ambas respuestas son correctas.*

2. ¿Quiénes eran de un corazón y un alma? (4:32)
1. Los judíos
2. *La multitud de los que habían creído*
3. Los gentiles

3. ¿Qué hacían los creyentes con sus posesiones? (4:32)
1. *Tenían todas las cosas en común.*
2. Se volvieron egoístas y guardaban todo para sí mismos.
3. Ninguno de ellos tenía posesiones.

4. ¿Cuántos necesitados había entre los creyentes? (4:34)
1. Sólo algunos
2. Centenares
3. *Ninguno*

5. ¿Qué significa el nombre Bernabé? (4:36)
1. Hijo de Dios
2. *Hijo de consolación*
3. Hijo del trueno

6. ¿Quiénes vendieron una heredad y se guardaron parte del dinero? (5:1-2)
1. *Ananías y Safira*
2. Bernabé y José
3. Ambas respuestas son correctas.

7. Pedro dijo que Ananías mintió. ¿A quién le mintió? (5:3-4)
1. A Pedro
2. A su esposa, Safira
3. *Al Espíritu Santo*

8. Pedro le preguntó a Safira: "¿Vendisteis en tanto la heredad?" ¿Qué le respondió Safira? (5:7-8)
1. *"Sí, en tanto".*
2. "¿Qué dijo Ananías?"
3. "No, recibimos más".

9. ¿Qué le sucedió a Safira? (5:10)
1. *Cayó a los pies de Pedro y expiró.*
2. La sepultaron junto a su marido.
3. Ambas respuestas son correctas.

10. Completen este versículo: "Y de hacer bien y de la ayuda mutua no os olvidéis; porque de tales sacrificios..." (Hebreos 13:16)
1. "... recibiréis recompensa".
2. *"... se agrada Dios".*
3. "... resultan grandes cosas".

Preguntas Para La Competencia Avanzada

1. ¿Qué hizo la gente cuando Pedro y Juan informaron todo lo que los principales sacerdotes y los ancianos les habían dicho? (4:23-24)
1. *Alzaron unánimes la voz y oraron a Dios.*
2. Clamaron con incredulidad.
3. Rasgaron sus vestiduras y lloraron.
4. Hicieron una celebración.

2. Después que Pedro y Juan salieron libres, la gente oró. ¿Qué sucedió después? (4:31)
1. El lugar en que estaban congregados tembló.
2. Todos fueron llenos del Espíritu Santo.
3. Hablaban con denuedo la palabra de Dios.
4. *Todas las respuestas son correctas.*

3. ¿Quiénes tenían todas las cosas en común? (4:32)
1. Sólo Pedro y Juan
2. Sólo las mujeres y los niños
3. *La multitud de los que habían creído*
4. Nadie

4. ¿A quién le pusieron por sobrenombre Bernabé? (4:36)
1. A Pedro, uno de los apóstoles
2. *A José, un levita de Chipre*
3. Al sumo sacerdote
4. Al apóstol que remplazó a Judas Iscariote

5. ¿Qué hizo Bernabé con el dinero por una heredad que vendió? (4:36-37)
1. Se guardó todo el dinero para él.
2. Guardó parte del dinero para él.
3. Compró una casa para los apóstoles.
4. *Lo puso a los pies de los apóstoles.*

6. Según Pedro, ¿a quién le mintió Ananías? (5:3)
1. A los apóstoles
2. A su esposa, Safira
3. *Al Espíritu Santo*
4. Todas las respuestas son correctas.

7. ¿Cuándo cayó y expiró Ananías? (5:3-5)
1. Cuando vio a Pedro
2. Cuando Safira le dijo que Pedro sabía lo que ellos habían hecho
3. *Después que Pedro dijo que Ananías había mentido a Dios*
4. Cuando los apóstoles le preguntaron a Pedro acerca del dinero

8. ¿Cuánto dijo Safira que habían recibido por la heredad? (5:7-8)
1. No lo suficiente
2. *La cantidad que Ananías dio a los apóstoles*
3. Más de lo que Ananías dio a los apóstoles
4. Ella no sabía cuánto habían recibido por la heredad.

9. ¿Qué vino sobre toda la iglesia y sobre todos los que oyeron acerca de Ananías y Safira? (5:11)
1. Profunda paz
2. *Gran temor*
3. Una ira terrible
4. Orgullo

10. Según Hebreos 13:16, ¿de qué no nos debemos olvida.
1. De orar cada noche antes de dormir
2. De dar todo nuestro dinero a los pobres
3. *De hacer bien y de la ayuda mutua*
4. De leer la Biblia y asistir a la iglesia

Hechos 6:1-8:3
Competencia Básica

1. ¿Acerca de qué murmuraban los griegos? (6:1)
1. Sus hombres no tenían suficiente trabajo.
2. *Sus viudas eran desatendidas.*
3. Ambas respuestas son correctas.

2. ¿Quién era un varón lleno de fe y del Espíritu Santo? (6:5)
1. *Esteban*
2. Nicolás
3. Felipe

3. ¿A qué no podían resistir los miembros de la sinagoga de los libertos? (6:9-10)
1. A la sabiduría de Esteban
2. Al Espíritu con que Esteban hablaba
3. *Ambas respuestas son correctas.*

4. Cuando el concilio fijó los ojos en Esteban, ¿qué vieron en su rostro? (6:15)
1. Vieron que su rostro estaba lleno de temor.
2. *Vieron su rostro como el rostro de un ángel.*
3. Vieron que su rostro no mostraba ninguna emoción.

5. ¿En qué eran los miembros del concilio iguales a sus padres? (7:51)
1. *Resistían siempre al Espíritu Santo.*
2. No daban alimento a las viudas.
3. Seguían siempre al Espíritu Santo.

6. ¿Qué vio Esteban cuando puso los ojos en el cielo? (7:55-56)
1. Vio a los ángeles postrándose a los pies de Dios.
2. *Vio al Hijo del Hombre que está a la diestra de Dios.*
3. Vio a los apóstoles junto a Jesús.

7. ¿Qué oró Esteban mientras lo apedreaban? (7:59)
1. "Señor Jesús, quita de mí este castigo".
2. "Señor Jesús, castiga a esta gente".
3. *"Señor Jesús, recibe mi espíritu".*

8. ¿Quién consentía en la muerte de Esteban? (8:1)
1. *Saulo*
2. Pedro
3. Juan

9. ¿Qué sucedió el día que murió Esteban? (8:1)
1. Mucha gente se enfermó y murió.
2. El Espíritu Santo llenó a todos los creyentes.
3. *Hubo una gran persecución contra la iglesia en Jerusalén.*

10. Después de la muerte de Esteban, ¿qué hizo Saulo? (8:3)
1. Asolaba la iglesia.
2. Entrando casa por casa, arrastraba a hombres y mujeres, y los entregaba en la cárcel.
3. *Ambas respuestas son correctas.*

Preguntas Para La Competencia Avanzada

1. ¿Cómo describe a Esteban el libro de Hechos? (6:5)
1. Un varón lleno de fe y del Espíritu Santo
2. Un hombre rico con muchas propiedades
3. Un hombre con un trabajo sin importancia
4. Todas las respuestas son correctas.

2. ¿Qué sucedió cuando los miembros de la sinagoga de los libertos trataron de disputar con Esteban? (6:9-10)
1. Ellos ganaron la discusión.
2. *No podían resistir a la sabiduría y al Espíritu con que él hablaba.*
3. Esteban se enojó y discutió con ellos.
4. El Señor los mató.

3. ¿Qué debían decir de Esteban los que fueron sobornados? (6:11)
1. *Que le habían oído hablar palabras blasfemas contra Moisés y contra Dios*
2. Que Esteban no había hecho nada malo y que lo dejasen seguir trabajando entre ellos
3. Que se llevaran a Esteban y sus mentiras lejos de ellos
4. Que todo lo que decía Esteban era verdad

4. Al fijar los ojos en Esteban, ¿qué vieron los que estaban sentados en el concilio? (6:15)
1. Vieron que los ojos de Esteban estaban cerrados.
2. Vieron que él se reía.
3. Vieron ángeles alrededor de él.
4. *Vieron su rostro como el rostro de un ángel.*

5. ¿Qué hizo Esteban cuando estaba lleno del Espíritu Santo? (7:55)
1. Puso los ojos en el cielo.
2. Vio la gloria de Dios.
3. Vio a Jesús que estaba a la diestra de Dios.
4. *Todas las respuestas son correctas.*

6. ¿Qué hicieron los testigos del apedreamiento de Esteban? (7:58)
1. Oraron por Esteban.
2. Clamaron angustiados.
3. Animaron a los que lo apedreaban.
4. *Pusieron las ropas de Esteban a los pies de Saulo.*

7. ¿Qué clamó Esteban cuando se puso de rodillas? (7:60)
1. "Señor, castígalos por este pecado contra mí".
2. "Señor, por favor, ayúdame".
3. *"Señor, no les tomes en cuenta este pecado".*
4. "Señor, protege a los otros creyentes".

8. ¿Quiénes fueron esparcidos por Judea y Samaria porque hubo una gran persecución contra la iglesia en Jerusalén? (8:1)
1. *Todos salvo los apóstoles*
2. Sólo Felipe y Esteban
3. Todos los judíos
4. Ninguno

9. ¿Qué hizo Saulo después de la muerte de Esteban? (8:3)
1. Asolaba la iglesia.
2. Entraba casa por casa.
3. Arrastraba a hombres y mujeres y los entregaba en la cárcel.
4. *Todas las respuestas son correctas.*

10. Completen este versículo: "Bienaventurado el varón que soporta la tentación; porque cuando haya resistido la prueba, recibirá..." (Santiago 1:12)
1. "... inmensas recompensas y vida eterna".
2. *"... la corona de vida, que Dios ha prometido a los que le aman".*
3. "... todo lo que desee".
4. "... diez veces lo que él sacrificó"

Hechos 8:4-40
Competencia Básica

1. ¿Qué hacía Felipe en Samaria? (8:5)
1. Trabajaba para la ciudad.
2. *Predicaba a Cristo.*
3. Ejercía la magia.

2. ¿Quién ejercía la magia en la ciudad de Samaria? (8:9)
1. *Simón*
2. Felipe
3. Saulo

3. ¿Por qué la gente estaba atenta a Simón el mago? (8:9-11)
1. Porque él podía sanarlos
2. *Porque con su magia les había engañado mucho tiempo*
3. Porque él les daba mucho dinero

4. ¿Qué pasaba cuando Pedro y Juan les imponían las manos a los nuevos creyentes de Samaria? (8:17)
1. *Ellos recibían el Espíritu Santo.*
2. Ellos oían el sonido de un viento recio.
3. Nada

5. ¿Qué hizo Simón cuando vio que se daba el Espíritu Santo por la imposición de manos? (8:18)
1. Ofreció ser discípulo de Pedro y Juan.
2. *Ofreció dinero a Pedro y Juan.*
3. Les impuso las manos a Pedro y a Juan.

6. ¿Qué le ordenó hacer Pedro a Simón el mago después que éste trató de pagar para recibir *el Espíritu Santo*? (8:20-22)
1. "Arrepiéntete de tu maldad".
2. "Ruega a Dios".
3. *Ambas respuestas son correctas.*

7. ¿Qué estaba haciendo el etíope cuando Felipe se acercó a él? (8:28)
1. Estaba durmiendo.
2. *Estaba leyendo el libro de Isaías.*
3. Estaba pidiendo dinero.

8. ¿Quién le dijo a Felipe que se acercara y se juntara al carro del etíope? (8:29)
1. Un ángel del Señor
2. *El Espíritu*
3. Pedro

9. ¿Quién bautizó al etíope? (8:38)
1. Juan
2. Simón
3. *Felipe*

10. ¿Qué hizo el etíope después que fue bautizado? (8:39)
1. *Siguió gozoso su camino.*
2. Se fue triste.
3. Ambas respuestas son correctas.

Preguntas Para La Competencia Avanzada

1. ¿Qué hicieron por todas partes los que fueron esparcidos? (8:4)
1. *Anunciaron el evangelio.*
2. Se escondieron en sus casas.
3. Oraron pidiendo que Dios destruyese a sus enemigos.
4. Todas las respuestas son correctas.

2. ¿Por qué la gente estaba atenta a Simón? (8:11)
1. *Con su magia les había engañado mucho tiempo.*
2. Les pagaba para que estuviesen atentos a él.
3. Él predicaba de Cristo.
4. Todas las respuestas son correctas.

3. ¿Qué hicieron hombres y mujeres cuando creyeron a Felipe y su predicación? (8:12)
1. Apedrearon a Simón.
2. Dieron todo su dinero a los pobres.
3. Dedicaron a sus hijos a Dios.
4. *Se bautizaban.*

4. ¿Qué quería Simón que le dieran los apóstoles? (8:18-19)
1. *El poder para que cualquiera a quien él impusiere las manos recibiera el Espíritu Santo*
2. El poder para predicar como los apóstoles
3. Los secretos de los apóstoles
4. El Espíritu Santo

5. ¿Qué le dijo Pedro a Simón cuando éste trató de comprar el don de Dios con dinero? (8:20-23)
1. "No tienes tú parte ni suerte en este asunto".
2. "Tu corazón no es recto delante de Dios".
3. "Arrepiénte, pues, de esta tu maldad, y ruega a Dios".
4. *Todas las respuestas son correctas*

6. ¿Por qué fue el eunuco etíope a Jerusalén? (8:27)
1. Para firmar acuerdos entre su país y Jerusalén
2. Para visitar a Candace, reina de los etíopes
3. Para comprar alimento y ropa
4. *Para adorar*

7. ¿Qué estaba leyendo el etíope cuando Felipe se le acercó? (8:28)
1. El libro de Apocalipsis
2. *El libro de Isaías*
3. Informes de la tesorería
4. El libro de Jeremías

8. ¿Qué hizo Felipe cuando el etíope le preguntó de quién hablaba el libro de Isaías? (8:34-35)
1. *Felipe le anunció el evangelio de Jesús.*
2. Felipe le relató el apedreamiento de Esteban.
3. Felipe le dijo que no entendía lo que decía el profeta.
4. Felipe le dijo que primero debía ser bautizado.

9. ¿Dónde se encontró Felipe después que bautizó al etíope? (8:40)
1. *En Azoto*
2. En Samaria
3. En Etiopía
4. En Jerusalén

10. Según Salmos 119:130, ¿qué es lo que alumbra y hace entender a los simples? (Salmos 119:130)
1. El sol
2. Un cuadro de Jesús
3. *La exposición de las palabras de Dios*
4. La luna y las estrellas

Hechos 9:1-31
Competencia Básica

1. ¿Quién respiraba amenazas y muerte contra los discípulos del Señor? (9:1)
1. Felipe
2. *Saulo*
3. Pedro

2. ¿Quién dijo: "Saulo, Saulo, ¿por qué me persigues?" (9:4-5)
1. Esteban
2. Pedro y Juan
3. *Jesús*

3. ¿Qué sucedió cuando Saulo se levantó de tierra? (9:8)
1. Huyó.
2. *No veía a nadie.*
3. Buscó la voz que le había hablado.

4. En Damasco, ¿a quién le habló el Señor en una visión? (9:10)
1. Al etíope
2. A Juan
3. *A Ananías*

5. ¿Qué le ordenó hacer el Señor a Ananías en *Damasco? (9:11)*
1. "Levántate, y vé a la calle que se llama Derecha".
2. "Busca en casa de Judas a uno llamado Saulo, de Tarso".
3. *Ambas respuestas son correctas.*

6. ¿Qué pasó cuando Ananías puso las manos sobre Saulo? (9:17-18)
1. Saulo recobró la vista y huyó.
2. *Le cayeron de los ojos como escamas, y recibió al instante la vista.*
3. Saulo arrestó a Ananías y lo llevó a la cárcel.

7. ¿Qué sucedió después que Saulo pudo ver otra vez? (9:18-19)
1. Fue bautizado.
2. Tomó alimento.
3. *Ambas respuestas son correctas.*

8. ¿Cuándo empezó Saulo a predicar en las sinagogas de Damasco que Jesús es el Hijo de Dios? (9:20)
1. Después de una semana
2. Después que recibió suficiente entrenamiento
3. *En seguida*

9. ¿Quién confundía a los judíos que moraban en Damasco, demostrando que Jesús era el Cristo? (9:22)
1. *Saulo*
2. Ananías
3. Pedro

10. ¿Quién trajo a Saulo a los apóstoles y les contó acerca de Saulo
1. Pedro
2. *Bernabé*
3. Ananías

Preguntas Para La Competencia Avanzada

1. ¿Contra quiénes respiraba Saulo amenazas y muerte? (9:1)
1. Contra los discípulos del Señor
2. Contra el sumo sacerdote
3. Sólo contra los doce apóstoles
4. Todas las respuestas son correctas.

2. ¿Por qué Saulo quería cartas para las sinagogas de Damasco? (9:1-2)
1. Para decirles acerca del nuevo sumo sacerdote
2. Para que si hallaba a alguien del Camino, pudiera llevarlos a la cárcel
3. Para decirles lo que estaban haciendo mal
4. Para tener permiso de predicar allí

3. ¿Qué sucedió cuando Saulo llegó cerca de Damasco? (9:3-4)
1. Repentinamente le rodeó un resplandor de luz del cielo.
2. Cayó en tierra.
3. Oyó una voz que le decía: "Saulo, Saulo, ¿por qué me persigues?"
4. Todas las respuestas son correctas.

4. El Señor le dijo a Saulo que era su instrumento escogido. ¿Qué debía hacer Saulo? (9:25)
1. Guiar a los judíos a la tierra prometida
2. Llevar el nombre del Señor a los gentiles, los reyes y los hijos de Israel
3. Perseguir a los judíos y gentiles
4. Castigar a todo el que estorbara a los discípulos

5. ¿Por qué los seguidores de Saulo le tomaron de noche, lo bajaron por el muro y lo descolgaron en una canasta? (9:23-25)
1. Porque las puertas estaban cerradas
2. Porque los judíos resolvieron en consejo matarle
3. Porque los seguidores de Saulo se avergonzaban de él
4. Porque Saulo aún estaba ciego

6. ¿Quiénes le tenían miedo a Saulo cuando llegó a Jerusalén? (9:26)
1. Los judíos y los gentiles
2. Sus amigos y familiares
3. Los discípulos
4. Bernabé y Juan

7. ¿Qué contó Bernabé a los apóstoles acerca de Saulo? (9:27)
1. Cómo Saulo en su viaje a Damasco vio al Señor
2. Cómo el Señor le habló a Saulo
3. Cómo en Damasco Saulo hablaba valerosamente en el nombre de Jesús
4. Todas las respuestas son correctas.

8. ¿Qué sucedió cuando los hermanos supieron que los griegos procuraban matar a Saulo? (9:29-30)
1. Le llevaron hasta Cesárea y le enviaron a Tarso.
2. Arrestaron a los griegos.
3. Protegieron a Saulo con pistolas y lanzas.
4. Repudiaron a Saulo.

9. ¿Qué sucedió a las iglesias por toda Judea, Galilea y Samaria? (9:31)
1. Tenían paz.
2. Eran edificadas.
3. Se acrecentaban fortalecidas por el Espíritu Santo.
4. Todas las respuestas son correctas.

10. Completen este versículo: "De modo que si alguno está en Cristo, nueva criatura es; las cosas viejas pasaron; ..." (2 Corintios 5:17)
1. "... para ser olvidadas para siempre".
2. "... he aquí todas son hechas nuevas".
3. "... y han sido lavadas tan blancas como la nieve".
4. "... y ahora tienes la vida eterna".

Hechos 10:1-23
Competencia Básica

1. ¿Cómo describe el libro de Hechos a Cornelio con toda su casa?
1. Piadoso y temeroso de Dios
2. Cobradores de impuestos y pecadores
3. Gente normal y común

2. ¿Quién se apareció a Cornelio en su visión? (10:3)
1. El Señor
2. Algo que no se veía claramente
3. Un ángel de Dios

3. ¿A qué hora subió Pedro a la azotea para orar? (10:9)
1. Cerca de la hora sexta
2. Cerca de medianoche
3. Ambas respuestas son correctas.

4. ¿Qué vio Pedro mientras oraba? (10:11-12)
1. *Vio el cielo abierto, y que descendía algo semejante a un gran lienzo, que atado de las cuatro puntas era bajado a la tierra.*
2. Vio a los hombres de Cornelio acercándose a la ciudad.
3. Vio un ángel que se apareció delante de él.

5. ¿Qué había en el gran lienzo? (10:12)
1. De todos los cuadrúpedos terrestres
2. Reptiles y aves del cielo
3. **Ambas respuestas son correctas.**

6. Pedro dijo que ninguna cosa común o inmunda había comido jamás. ¿Qué le dijo entonces la voz? (10:14-15)
1. *"Lo que Dios limpió, no lo llames tú común".*
2. "Tienes razón, Pedro, no comas estos animales".
3. "El Señor ha limpiado estos animales como para comerlos".

7. ¿Cuántas veces vio Pedro la visión del gran lienzo? (10:16)
1. Una vez
2. *Tres veces*
3. Diez veces

8. ¿Qué les preguntó Pedro a los hombres que *Cornelio envió? (10:21)*
1. "¿Qué quieren comer?"
2. *"Cuál es la causa por la que habéis venido?"*
3. "¿Dónde pasarán la noche?"

9. ¿A quiénes hizo entrar Pedro a la casa para hospedarlos? (10:19, 23)
1. A Cornelio
2. *A los tres hombres*
3. Ambas respuestas son correctas.

10. *¿Qué hizo Pedro al día siguiente de su visión?* (10:23)
1. *Se fue con los hombres de Cornelio.*
2. Se fue a Jerusalén.
3. Se fue a la sinagoga a orar.

Preguntas Para La Competencia Avanzada

1. ¿Cómo describe a Cornelio el libro de Hechos? (10:1-2)
1. Era piadoso y temeroso de Dios.
2. Hacía muchas limosnas al pueblo.
3. Oraba a Dios siempre.
4. *Todas las respuestas son correctas.*

2. ¿Cómo reaccionó Cornelio ante el ángel de *Dios? (10:3-4)*
1. Cayó de rodillas.
2. *Le miró fijamente y atemorizado.*
3. Lo recibió en su casa.
4. Todas las respuestas son correctas.

3. ¿Qué sucedió mientras Pedro oraba? (10:9-11)
1. Tuvo gran hambre.
2. Le sobrevino un éxtasis.
3. Vio el cielo abierto, y que descendía algo semejante a un gran lienzo, que atado de las cuatro puntas era bajado a la tierra.
4. *Todas las respuestas son correctas.*

4. ¿Qué le dijo una voz a Pedro cuando vio el lienzo donde había diferentes animales? (10:12-13)
1. *"Levántate, Pedro, mata y come".*
2. "Comparte estos animales con los que están viniendo a verte".
3. "Sacrifica estos animales en el templo".
4. "Estos animales están bastante limpios para que los comas".

5. ¿Qué dijo Pedro que jamás había comido? (10:14)
1. Ninguna clase de animales
2. Ninguna clase de frutas o verduras
3. *Ninguna cosa común o inmunda*
4. Nada que tuviera grasa

6. ¿Qué respondió la voz cuando Pedro dijo que ninguna cosa común o inmunda había comido jamás? (10:14-15)
1. *"Lo que Dios limpió, no lo llames tú común".*
2. "Tienes razón, Pedro, no comas estos animales".
3. "El Señor ha limpiado estos animales como para comerlos".
4. Todas las respuestas son correctas.

7. ¿Qué le dijo el Espíritu a Pedro mientras pensaba en la visión? (10:19-20)
1. "Tres hombres te buscan".
2. "Levántate, pues, y desciende".
3. "No dudes de ir con ellos, porque yo los he enviado".
4. *Todas las respuestas son correctas.*

8. ¿Quién dijo: "Yo soy el que buscáis? ¿Cuál es la causa por la que habéis venido?" (10:21)
1. Simón, el curtidor
2. Un hombre enviado por Cornelio
3. *Pedro*
4. Cornelio

9. ¿Por qué un ángel le dijo a Cornelio que pidiera a Pedro que fuese a la casa de Cornelio? (10:22)
1. *Para que Cornelio oyese las palabras de Pedro*
2. Para que Pedro preparase animales in- mundos para Cornelio
3. Para que Cornelio fuese más respetado por los judíos
4. Todas las respuestas son correctas.

10. Al día siguiente, ¿quiénes fueron con Pedro y los tres hombres? (10:23)
1. Simón el curtidor y tres hombres
2. *Algunos de los hermanos de Jope*
3. Toda la familia de Pedro
4. Todas las respuestas son correctas.

Hechos 10:24-11:26
Competencia Básica

1. ¿Qué hizo Cornelio cuando Pedro entró en la casa? (10:25)
1. Le ofreció a Pedro algo de comer.
2. *Se postró a los pies de Pedro y adoró.*
3. Le dio un abrazo a Pedro.

2. *¿Qué le mostró Dios a Pedro? (10:28)*
1. *Que a ningún hombre debía llamar común o inmundo*
2. Las instrucciones para llegar a la casa de Cornelio
3. Todo lo que él necesitaba saber

3. ¿Quién no hace acepción de personas sino que acepta a gente de toda nación que le teme y hace justicia? (10:34)
1. Juan
2. Pablo
3. *Dios*

4. ¿Con qué ungió Dios a Jesús? (10:38)
1. Con aceite y agua
2. *Con el Espíritu Santo y con poder*
3. Ambas respuestas son correctas.

5. ¿Qué les sucedió a Cornelio, sus familiares y amigos mientras Pedro les hablaba? (10:44)
1. Se les apareció Jesús.
2. *El Espíritu Santo cayó sobre todos.*
3. Ambas respuestas son correctas.

6. ¿Qué oyó Pedro cuando el don del Espíritu Santo fue dado a los gentiles en la casa de Cornelio? (10:46)
1. El sonido de truenos
2. La voz de Dios
3. *A los gentiles que hablaban en lenguas y magnificaban a Dios*

7. ¿En nombre de quién mandó Pedro que fuesen bautizados los gentiles? (10:48)
1. *En el nombre del Señor Jesús*
2. En el nombre del sumo sacerdote
3. En el nombre de Cornelio

8. ¿Qué exhortó Bernabé que hiciera la gente de Antioquía? (11:23)
1. Que se volviesen de sus malos caminos
2. *Que con propósito de corazón permaneciesen fieles al Señor*
3. Que predicasen solamente a los judíos

9. ¿Por qué fue Bernabé a Tarso? (11:25)
1. Para hablar a otros de las buenas nuevas de Jesucristo
2. Para tomar vacaciones
3. *Para buscar a Saulo*

10. ¿Cómo llamaron a los discípulos en Antioquía? (11:26)
1. Seguidores
2. *Cristianos*
3. Gente de Jesús

Preguntas Para La Competencia Avanzada

1. ¿Qué sucedió cuando Pedro entró en la casa de Cornelio? (10:25-26)
1. Cornelio salió a recibir a Pedro.
2. Cornelio se postró a los pies de Pedro y adoró.
3. Pedro dijo: "Levántate, pues yo mismo también soy hombre".
4. *Todas las respuestas son correctas.*

2. ¿Qué le dijo Pedro a Cornelio acerca de Jesús y Dios? (10:40, 43)
1. Dios levantó a Jesús e hizo que se manifestase.
2. De éste dan testimonio todos los profetas.
3. Todos los que en él creyeren, recibirán perdón de pecados por su nombre.
4. *Todas las respuestas son correctas.*

3. Después que Jesús resucitó de los Muertos, ¿quiénes lo vieron? (10:41)
1. Toda la gente
2. *Los testigos que Dios había ordenado*
3. Todos los judíos
4. Sólo la familia de Jesús

4. ¿Qué mandato dio Jesús a los que comían y bebían con Él después que resucitó de los muertos? (10:41-42)
1. *Que predicasen y testificasen de Él*
2. Que sanaran y echaran fuera demonios
3. Que rasgaran sus vestiduras e hicieran duelo
4. Que celebraran y danzaran

5. ¿Quiénes recibirán perdón de pecados por el nombre de Jesús? (10:43)
1. Sólo los judíos
2. Todos los gentiles
3. *Todos los que en él creyeren*
4. Sólo los que comieron y bebieron con él después que resucitó de los Muertos

6. ¿Qué sucedió mientras Pedro hablaba con Cornelio? (10:44)
1. Los judíos se enojaron y se fueron.
2. El cielo se abrió y una paloma se posó en el hombro de Pedro.
3. Cayó una gran tormenta y todos se mojaron.
4. El Espíritu Santo cayó sobre todos los que oían el discurso.

7. ¿Por qué se quedaron atónitos los creyentes que habían ido con Pedro? (10:45-46
1. *Porque el don del Espíritu Santo fue derramado también sobre los gentiles*
2. Porque los gentiles no podían hablar
3. Porque los gentiles fueron sanados de todas sus enfermedades
4. Todas las respuestas son correctas.

8. ¿Cómo describe a Bernabé el libro de Hechos? (11:24)
1. Un anciano con una familia numerosa
2. *Varón bueno, lleno del Espíritu Santo y de fe*
3. Un hombre egoísta y celoso
4. Todas las respuestas son correctas.

9. ¿Qué hizo Bernabé cuando halló a Saulo en Tarso? (11:25-26)
1. Le dijo todo lo que había visto y oído.
2. Le rogó que se quedara con él en Tarso.
3. *Le trajo a Antioquía para congregar se con la iglesia y enseñar.*
4. Lo envió a Jerusalén a predicar a los gentiles.

10. ¿Dónde llamaron cristianos a los discípulos por primera vez? (11:26)
1. Samaria
2. Tarso
3. Jerusalén
4. *Antioquía*

Hechos 12:1-13:12
Competencia Básica

1. ¿A quién mató a espada el rey Herodes? (12:2)
1. *A Jacobo, hermano de Juan*
2. A Bernabé
3. A Pedro

2. ¿Cuánto oraba la iglesia por Pedro mientras él estaba en la cárcel? (12:5)
1. Poco
2. *Sin cesar*
3. Una vez a la semana

3. ¿Quién se presentó en la cárcel al lado de Pedro? (12:7)
1. *Un ángel del Señor*
2. El rey Herodes
3. Los otros cristianos

4. Mientras Pedro seguía al ángel para salir de la cárcel, ¿qué pensaba él que estaba sucediendo? (12:9)
1. Pensaba que lo estaban secuestran- do.
2. Pensaba que su amigo estaba fingiendo ser un ángel.
3. *Pensaba que veía una visión.*

5. ¿Qué estaban haciendo muchos en la casa de María la madre de Juan? (12:12)
1. Se preocupaban por Pedro.
2. *Estaban orando.*
3. Estaban adorando a Dios.

6. ¿Quién salió a escuchar cuando Pedro llamó a la puerta del patio? (12:13)
1. María la madre de Juan
2. Uno de los apóstoles
3. *Una muchacha llamada Rode*

7. ¿Qué le pasó a la gente cuando abrieron la puerta y vieron a Pedro? (12:16)
1. Tuvieron miedo.
2. *Se quedaron atónitos.*
3. Ambas respuestas son correctas.

8. Según lo que dijo el Espíritu Santo, ¿a quiénes debían apartar para Él? (13:2)
1. A Bernabé
2. A Saulo
3. *Ambas respuestas son correctas.*

9. ¿Quién era Barjesús? (13:6-7)
1. Un mago y falso profeta judío
2. Un acompañante de Sergio Paulo
3. *Ambas respuestas son correctas.*

10. ¿Qué le sucedió a Elimas el mago cuando se opuso a Bernabé y Saulo? (13:6-11)
1. *Quedó ciego.*
2. Un ángel le dio muerte.
3. Fue arrestado.

Preguntas Para La Competencia Avanzada

1. ¿A quién mató a espada el rey Herodes? (12:2)
1. Mató también a Juan, hermano de Jacobo.
2. Hizo matar a muchos otros.
3. *Tomó preso también a Pedro.*
4. Herodes creyó y fue bautizado.

2. ¿Cómo era custodiado Pedro en la cárcel? (12:4)
1. *Por cuatro grupos de cuatro soldados cada uno*
2. Por dos soldados afuera de la puerta
3. Por un escuadrón de soldados
4. Por el rey Herodes mismo

3. ¿Qué sucedió mientras Pedro dormía entre dos soldados, sujeto con dos cadenas? (12:6-7)
1. Se presentó un ángel del Señor.
2. Una luz resplandeció en la cárcel.
3. Las cadenas cayeron de las manos de Pedro.
4. *Todas las respuestas son correctas.*

4. ¿Qué sucedió cuando el ángel y Pedro llegaron a la puerta de hierro que daba a la ciudad? (12:10)
1. *Se les abrió por sí misma.*
2. El ángel dejó a Pedro.
3. Los soldados atraparon a Pedro.
4. Pedro comprendió que no estaba soñando.

5. Según la gente en la casa de María, ¿quién estaba a la puerta? (12:15)
1. Pedro
2. Un ángel del Señor
3. Un soldado que buscaba a Pedro
4. *El ángel de Pedro*

6. ¿Qué hizo Pedro cuando la gente abrió la puerta y le vio? (12:16-17)
1. Hizo con la mano señal de que callasen.
2. Les contó cómo el Señor le había sacado de la cárcel.
3. Les dijo que contasen a Jacobo y a los hermanos acerca de su rescate.
4. *Todas las respuestas son correctas.*

7. ¿Qué sucedió mientras los profetas y maestros en Antioquía ministraban al Señor y ayunaban? (13:1-2)
1. Oyeron las noticias de Pedro.
2. *El Espíritu Santo dijo: "Apartadme a Bernabé y a Saulo".*
3. Sintieron gran tristeza por la muerte de Jacobo.
4. Todas las respuestas son correctas.

8. ¿Quiénes descendieron a Seleucia y de allí navegaron a Chipre? (13:4)
1. *Bernabé y Saulo*
2. Pedro y Juan
3. Los apóstoles
4. Todos los profetas y maestros

9. ¿Qué hicieron Bernabé y Saulo cuando llegaron a Salamina? (13:5)
1. Les predicaban a los gentiles.
2. Bautizaban a judíos y gentiles por igual.
3. *Anunciaban la palabra de Dios en las sinagogas de los judíos.*
4. Sanaban a la gente y echaban fuera demonios.

10. ¿En cuál historia cambia el nombre de Saulo a Pablo? (13:9)
1. La historia del apedreamiento de Esteban
2. La historia de la conversión de Saulo
3. La historia sobre Pentecostés
4. *La historia sobre Sergio Paulo y Barjesús*

Hechos 14:26-15:41
Competencia Básica

1. ¿Cuánto tiempo se quedaron Pablo y Bernabé en Antioquía con los discípulos? (14:28)
1. Un mes
2. Algunos años
3. *Mucho tiempo*

2. ¿A quiénes envió la iglesia a Jerusalén para reunirse con los apóstoles y ancianos? (15:2-3)
1. *A Pablo y Bernabé*
2. A los hombres de Judea
3. A los gentiles

3. ¿Qué sentían los hermanos al oír de la conversión de los gentiles? (15:3)
1. Gran disgusto
2. *Gran gozo*
3. Mucho temor

4. Según algunos creyentes que eran fariseos, ¿qué debían hacer los gentiles? (15:5)
1. Ser circuncidados
2. Guardar la ley de Moisés
3. *Ambas respuestas son correctas.*

5. ¿Cómo mostró Dios que Él aceptaba a los gentiles? (15:8)
1. Poniendo una marca en sus cabezas
2. Maldiciendo el ganado de los judíos
3. *Dándoles el Espíritu Santo*

6. ¿Por medio de qué dijo Pedro que seremos salvos? *(15:11)*
1. Por la ley de Moisés y los profetas
2. *Por la gracia del Señor Jesús*
3. Ambas respuestas son correctas

7. ¿Quiénes callaron mientras oían a Bernabé y *Pablo contar de las señales y maravillas que Dios había hecho entre los gentiles? (15:12)*
1. Ninguno
2. *Toda la multitud*
3. Sólo los apóstoles

8. Los apóstoles y ancianos, con toda la iglesia, decidieron elegir a algunos de entre ellos y *enviarlos a Antioquía con Pablo y Bernabé. ¿*A quiénes eligieron? (15:22)
1. *A Judas y Silas*
2. A Pedro y Juan
3. A María y Marta

9. ¿Qué hicieron Judas y Silas en Antioquía? (15:32)
1. Hablaron muy poco.
2. Consolaron y confirmaron a los hermanos con abundancia de palabras.
3. Dijeron exactamente lo que decía la carta.

10. ¿Qué hicieron Pablo y Silas en Siria y Cilicia? (15:40-41)
1. *Confirmaron a las iglesias.*
2. Edificaron nuevas iglesias.
3. Ambas respuestas son correctas

Preguntas Para La Competencia Avanzada

1. ¿A quiénes abrió Dios la puerta de la fe? (14:26-27)
1. A los judíos
2. A Pablo y Bernabé
3. *A los gentiles*
4. A los apóstoles

2. Algunos hombres enseñaban que uno debía ser circuncidado para ser salvo. ¿Por qué creían eso? (15:1)
1. *Porque era conforme al rito de Moisés*
2. Porque era conforme a la costumbre de los gentiles
3. Porque era conforme a la costumbre que enseñó Jesús
4. Porque era conforme a la costumbre en Antioquía

3. Según los fariseos, ¿la ley de quién debían mandar que guardasen los gentiles? (15:5)
1. La ley de los gentiles
2. La ley de Pedro
3. *La ley de Moisés*
4. La ley de la nación

4. ¿Cómo mostró Dios que Él aceptaba a los gentiles? (15:8)
1. Sacándolos de la cárcel
2. Por el poder que le dio a Pedro
3. *Dándoles el Espíritu Santo lo mismo* que a los judíos
4. Enviándoles una visión

5. ¿Cómo describió a Bernabé y Pablo la carta *enviada a los creyentes gentiles en Antioquía*, Siria y Cilicia? (15:26)
1. Hombres cansados que necesitaban un lugar para descansar
2. Hombres que harían cualquier cosa por sus compatriotas judíos
3. Hombres que necesitaban aprender la ley de Moisés
4. *Hombres que han expuesto su vida por el nombre de nuestro Señor Jesucristo*

6. ¿Por qué los apóstoles y ancianos enviaron a Judas y Silas a Antioquía? (15:27)
1. Para ver qué pasaba con los gentiles
2. Para pedirles dinero
3. *Para hacerles saber de palabra lo mismo que habían escrito*
4. Para perseguir a los gentiles

7. Según la carta, ¿de qué debían abstenerse los gentiles? (15:29)
1. De lo sacrificado a ídolos y de sangre
2. De ahogado
3. De fornicación
4. *Todas las respuestas son correctas.*

8. ¿Por qué a Pablo no le parecía bien llevar con ellos a Juan, el que tenía por sobrenombre Marcos? (15:37-38)
1. Porque era gentil
2. Porque estaba enfermo y débil para viajar
3. Porque tenía una familia que lo necesitaba
4. *Porque se había apartado de ellos desde Panfilia*

9. ¿Qué sucedió debido al serio desacuerdo entre Pablo y Bernabé? (15:39)
1. Pidieron disculpas y se perdonaron el uno al otro.
2. *Se separaron.*
3. Dejaron de predicar y enseñar.
4. Tomaron vacaciones.

10. ¿Qué hizo Pablo cuando viajó por Siria y Cilicia? (15:41)
1. *Confirmó a las iglesias.*
2. Decidió viajar primero por tierra y después por mar.
3. Pidió a Bernabé y a Marcos que se reunieran con él.

Hechos 16:6-40
Competencia Básica)

1. ¿En qué lugar prohibió el Espíritu Santo a Pablo y sus compañeros que hablaran la palabra? (16:6)
1. En Grecia
2. *En Asia*
3. En Jerusalén

2. ¿Por qué Pablo comprendió que Dios los llamaba a predicar el evangelio en Macedonia? (16:9-10)
1. *Tuvo una visión de un varón de Macedonia.*
2. Recibió una carta de Macedonia.
3. La gente le rogó que fuera a Macedonia.

3. ¿A quiénes hallaron Pablo y sus compañeros junto al río un día de reposo? (16:13-14)
1. A saduceos
2. *A Lidia y otras mujeres*
3. A los hermanos de Judea

4. ¿Cómo ganaba dinero la muchacha esclava?
1. *Adivinando*
2. Vendiendo telas e hilos
3. Trabajando como cocinera

5. ¿Por qué los amos de la muchacha prendieron a Pablo y Silas? (16:19)
1. Querían ganar dinero con los milagros que ellos hacían.
2. *Vieron que había salido la esperanza de su ganancia.*
3. Tuvieron celos de sus poderes.

6. ¿Qué hacían Pablo y Silas en la cárcel a medianoche? (16:25)
1. Oraban
2. Cantaban himnos
3. *Ambas respuestas son correctas.*

7. ¿Qué causó que las puertas de la cárcel se abrieran y que las cadenas de todos se soltaran? (16:26-27)
1. El carcelero decidió liberar a todos.
2. *Sobrevino un gran terremoto.*
3. Hubo una tormenta terrible.

8. El carcelero preguntó a Pablo y Silas: "Señores, ¿qué debo hacer para ser salvo?" ¿Qué le dijeron ellos? (16:31)
1. "Tienes que dejarnos ir libres".
2. "Debes dar diezmo a la sinagoga".
3. *"Cree en el Señor Jesucristo, y serás salvo, tú y tu casa".*

9. ¿Qué hicieron en seguida el carcelero y su familia? (16:33)
1. Liberaron a Pablo y Silas.
2. *Se bautizaron.*
3. Se escaparon.

10. ¿Por qué se regocijó el carcelero? (16:34)
1. Porque no lo castigaron por dejar que escapen Pablo y Silas
2. Porque salió temprano del trabajo
3. *Por haber creído a Dios*

Preguntas Para La Competencia Avanzada

1. ¿Qué sucedió cuando Pablo y sus compañeros intentaron ir a Bitinia? (16:7)
1. Cruzaron fácilmente la frontera.
2. Los guardas en la frontera les hicieron muchas preguntas.
3. *El Espíritu no se los permitió.*
4. Ellos cambiaron de idea y se fueron.

2 ¿Quién dijo: "Pasa a Macedonia y ayúdanos"? (16:9)
1. *Un varón macedonio que Pablo vio en una visión*
2. Un mendigo macedonio en el camino a Troas
3. El gobierno macedonio
4. La iglesia en Macedonia

3. ¿Quién era Lidia? (16:14)
1. Una vendedora de púrpura
2. Una mujer de Tiatira
3. Una mujer que adoraba a Dios
4. *Todas las respuestas son correctas.*

4. En Filipos, una muchacha tenía espíritu de adivinación. ¿Qué sucedió después que Pablo se fastidió y dijo al espíritu: "Te mando en el nombre de Jesucristo, que salgas de ella" (16:18-20)
1. El espíritu salió de la muchacha.
2. Los amos de la muchacha prendieron a Pablo y Silas.
3. A Pablo y Silas los llevaron ante las autoridades.
4. *Todas las respuestas son correctas.*

5. ¿Por qué Pablo clamó a gran voz: "No te hagas ningún mal, pues todos estamos aquí"? (16:27-28)
1. Para asegurarle a Silas que él todavía estaba allí
2. *Para impedir que el carcelero se matara porque pensó que los presos habían escapado*
3. Para impedir que los otros presos pelearan entre sí
4. Porque el magistrado iba a golpear al carcelero por dejarlos libres

6. ¿Qué les preguntó el carcelero a Pablo y Silas? (16:29-30)
1. "¿Cómo sucedió esto?"
2. "¿Son ustedes magos?"
3. *"¿Qué debo hacer para ser salvo?"*
4. "¿De dónde vinieron ustedes?"

7. ¿Por qué se regocijó el carcelero? (16:34)
1. *Porque él y toda su casa habían creído en Dios*
2. Porque los presos escaparon
3. Porque ya no era carcelero
4. Todas las respuestas son correctas.

8. ¿Cuándo los magistrados enviaron la orden para que soltasen a Pablo y Silas? (16:35)
1. *Cuando fue de día*
2. Esa misma noche
3. Una semana después
4. Después de dos semanas

9. ¿Qué quería Pablo que hicieran los magistrados? (16:37)
1. Que los dejaran salir de la cárcel discretamente
2. *Que ellos mismos fueran y los sacaran a él y a Silas de la cárcel*
3. Que pidieran perdón públicamente por haberlos azotado
4. Todas las respuestas son correctas.

10. Completen este versículo: "Pedro les dijo: Arrepentíos, y bautícese cada uno de vosotros en el nombre de Jesucristo para perdón de los pecados; y recibiréis..." (Hechos 2:38).
1. "... vida eterna".
2. *"... el don del Espíritu Santo".*
3. "... riquezas sin medida".
4. "... todo lo que el Señor les ha prometido"

Hechos 17:1-34
Competencia Básica

1. ¿Quién dijo: "Jesús, a quien yo os anuncio, decía él, es el Cristo"? (17:1-3)
1. Silas
2. *Pablo*
3. Timoteo

2. ¿La casa de quién asaltaron los judíos en busca de Pablo y Silas? (17:5)
1. *La casa de Jasón*
2. La casa de María
3. La casa de Lidia

3. ¿Qué le hicieron las autoridades de la ciudad a Jasón cuando no hallaron a Pablo y Silas en su casa? (17:6-9)
1. Lo azotaron.
2. Lo interrogaron.
3. *Le hicieron pagar fianza.*

4. ¿A quién enviaron hacia el mar cuando los judíos de Tesalónica fueron a Berea para alborotar a las multitudes? (17:13-14)
1. *A Pablo*
2. A Silas
3. Ambas respuestas son correctas.

5. ¿Qué enardecía a Pablo mientras esperaba a Silas y Timoteo en Atenas? (17:16)
1. Que ellos tardaban mucho en llegar
2. Que él no podía hablar su idioma
3. *Que la ciudad estaba entregada a la idolatría*

6. ¿Qué inscripción había en un altar en Atenas? (17:23)
1. "Al Señor Jesucristo"
2. *"Al dios no conocido"*
3. "Al pueblo de Atenas"

7. ¿Qué da Dios a todos? (17:25)
1. *Vida y aliento y todas las cosas*
2. Todas las riquezas del mundo
3. Todo lo que le pidamos

8. ¿Quién no está lejos de cada uno de nosotros? (17:27)
1. Pablo
2. *Dios*
3. Pedro

9. ¿Qué dijeron algunos de los poetas atenienses? (17:28)
1. Somos de él.
2. Somos herederos del reino.
3. *Linaje suyo somos.*

10. ¿Cómo dio fe Dios de que ha establecido un día en el cual juzgará al mundo con justicia? (17:31)
1. *Levantando a Jesús de los muertos*
2. Dándole a Pablo las palabras que debía decir
3. Ofreciendo juicio en la tierra

Preguntas Para La Competencia Avanzada

1. En Tesalónica, ¿qué hicieron los judíos porque tenían celos? (17:5)
1. Se arrepintieron y fueron bautizados.
2. Azotaron a Pablo y a Silas.
3. Juntaron una turba y alborotaron la ciudad.
4. Enviaron a su sumo sacerdote a la cárcel.

2. *¿De qué acusaron los judíos en Tesalónica a Pablo y Silas? (17:6-7)*
1. *De contravenir los decretos de César, diciendo que hay otro rey*
2. De esconder a enemigos entre ellos
3. De visitar las casas de pecadores
4. De hacer milagros en el día de reposo

145

3. ¿Cómo recibieron el mensaje los de Berea? (17:11)
1. A regañadientes
2. Poco a poco, después de consultar a los sacerdotes
3. Con una actitud de rechazo
4. *Con toda solicitud*

4. ¿Qué hicieron los judíos de Tesalónica cuando supieron que Pablo estaba anunciando la palabra de Dios en Berea? (17:13)
1. Se fueron de Berea.
2. *Alborotaron a las multitudes en Berea.*
3. Calmaron a las multitudes en Berea.
4. Todas las respuestas son correctas.

5. Pablo debatió con un grupo de filósofos. ¿Qué dijeron algunos de ellos? (17:18)
1. "Él está tratando de causar problemas".
2. *"Parece que es predicador de nuevos dioses".*
3. "Este hombre predica la verdad".
4. "Él simplemente está enseñando".

6. ¿Qué es lo que más interesaba a los atenienses y extranjeros que residían allí? (17:21)
1. *Decir y oír algo nuevo*
2. Hacer lo que les agradaba
3. Adorar a sus ídolos
4. Atender a visitantes

7. ¿Cómo supo Pablo que los varones atenienses eran muy religiosos? (17:22-23)
1. *Halló un altar con esta inscripción: "Al Dios No Conocido".*
2. Tenían cuadros de Jesús en las paredes.
3. Obedecían la ley y a los profetas.
4. Halló prueba de que Jesús estuvo allí.

8. Mientras estaba en Atenas, ¿cómo describió Pablo a Dios? (17:24)
1. Como un Dios celoso
2. Como un Dios inalcanzable
3. *Como Señor del cielo y de la tierra*
4. Como un Dios airado

9. ¿Quién da a todos vida, aliento y todas las cosas? (17:24-25)
1. Pablo
2. *Dios*
3. Zeus
4. Atenea

10. ¿Qué hará Dios en el día que ha establecido? (17:31)
1. Enviará un diluvio a toda la tierra.
2. *Juzgará al mundo con justicia.*
3. Demostrará su poder.
4. Él volverá.

Hechos 18:1-28
Competencia Básica

1. ¿A dónde fue Pablo después que salió de Atenas? (18:1)
1. A Tesalónica
2. *A Corinto*
3. A Antioquía

2. Por qué Pablo se quedó con Aquila y Priscila? (18:2-3)
1. *Porque él hacía tiendas como ellos*
2. Porque ellos tenían mucho dinero
3. Porque ellos eran de Italia

3. En Corinto, ¿qué hacía Pablo todos los días de reposo? (18:4)
1. *Discutía en la sinagoga.*
2. Trabajaba haciendo tiendas.
3. Se iba a su casa en Tarso.

4. ¿Quién le dijo a Pablo: "No temas, sino habla, y no calles"? (18:9)
1. *El Señor, en una visión*
2. Bernabé y Timoteo
3. Los creyentes en Corinto

5. ¿Cuánto tiempo se quedó Pablo en Corinto? (18:11)
1. Dos semanas
2. *Un año y seis meses*
3. Poco tiempo

6. ¿Por qué Pablo se rapó la cabeza en Cencrea? (18:18)
1. Porque su pelo estaba muy largo
2. Porque no quería que nadie lo reconociese
3. *Porque había hecho un voto*

7. ¿Qué hizo Pablo por toda la región de Galacia y Frigia? (18:23)
1. *Confirmó a todos los discípulos.*
2. Se escondió entre los gentiles.
3. Ambas respuestas son correctas.

8. ¿Cuál era el único bautismo que Apolos conocía? (18:25)

1. El bautismo de Pedro
2. *El bautismo de Juan*
3. El bautismo de Jesús

9. ¿Qué hicieron Priscila y Aquila por Apolos? (18:26)

1. Le tomaron aparte.
2. Le expusieron más exactamente el camino de Dios.
3. *Ambas respuestas son correctas.*

10. ¿Qué hizo Apolos cuando llegó a Acaya? (18:27-28)

1. Con gran vehemencia refutaba públicamente a los judíos.
2. Demostró por las Escrituras que Jesús era el Cristo.
3. *Ambas respuestas son correctas.*

Preguntas Para La Competencia Avanzada

1. ¿Por qué Aquila y Priscila fueron de Italia a Corinto? (18:1-2)

1. Porque allí tenían amigos y familiares
2. *Porque Claudio había ordenado que todos los judíos saliesen de Roma*
3. Porque estaban buscando trabajo en Corinto
4. Porque Priscila necesitaba vacaciones

2. ¿Qué hacía Pablo en la sinagoga todos los días de reposo? (18:4)

1. *Discutía y persuadía a judíos y a griegos.*
2. Predicaba cuando el rabí no estaba allí.
3. Hablaba de sus viajes.
4. Condenaba a los pecadores.

3. ¿Qué dijo Pablo cuando los judíos se opusieron a él y blasfemaron? (18:6)

1. "Vuestra sangre sea sobre vuestra propia cabeza".
2. "Yo estoy limpio".
3. "Desde ahora me iré a los gentiles".
4. *Todas las respuestas son correctas.*

4. ¿Quiénes acompañaron a Pablo cuando fue a Siria? (18:18)

1. Bernabé y Timoteo
2. *Priscila y Aquila*
3. Los hermanos
4. Nadie

5. En Éfeso, ¿qué hizo Pablo cuando los judíos le pidieron que se quedase con ellos por más tiempo? (18:19-21)

1. Él aceptó.
2. *No accedió, pero dijo: "Volveré a vosotros, si Dios quiere".*
3. Les dijo que oraría acerca de eso.
4. Decidió quedarse dos semanas más.

6. ¿Cómo describe a Apolos el libro de Hechos? (18:24-25)

1. Era varón elocuente, poderoso en las Escrituras.
2. Había sido instruido en el camino del Señor, y siendo de espíritu fervoroso, hablaba y enseñaba diligentemente lo concerniente al Señor.
3. Solamente conocía el bautismo de Juan.
4. *Todas las respuestas son correctas.*

7. ¿Qué hicieron Priscila y Aquila cuando oyeron a Apolos? (18:26)

1. *Le expusieron más exactamente el camino de Dios.*
2. Lo condenaron.
3. Enviaron un mensaje a Pablo pidiéndole que regresara inmediatamente.
4. Discretamente le pidieron que se fuera.

8. En Acaya, ¿quién fue de gran provecho a los que por gracia habían creído? (18:27)

1. Pablo
2. Bernabé
3. *Apolos*
4. Todas las respuestas son correctas.

9. En Acaya, ¿qué demostró Apolos por las Escrituras? (18:28)

1. Que Pablo era el Cristo
2. Que la historia de la creación era verdadera
3. *Que Jesús era el Cristo*
4. Que Dios juzga a todos

10. Según Romanos 8:31, ¿quién es por nosotros? (Romanos 8:31)

1. Nadie
2. Todos los creyentes
3. *Dios*
4. El Señor Jesucristo

Hechos 19:1-20:12
Competencia Básica

1. ¿Cuántos hombres fueron bautizados y recibieron el Espíritu Santo en Éfeso? (19:5-7)
1. Cientos
2. *Unos doce*
3. Sólo unos pocos

2. ¿Qué sucedió después que los discípulos en Éfeso fueron bautizados y Pablo les impuso las manos? (19:5-6)
1. El Espíritu Santo vino sobre ellos.
2. Hablaban en lenguas y profetizaban.
3. *Ambas respuestas son correctas.*

3. ¿Quién hacía milagros extraordinarios en Éfeso? (19:11)
1. Los discípulos
2. *Dios, por mano de Pablo*
3. Todo el que creía

4. ¿Acerca de qué hubo un gran disturbio en Éfeso? (19:23)
1. *Acerca del Camino*
2. Acerca del pasado de Pablo
3. Acerca de cuál dios hecho con las manos era más poderoso

5. *¿Quién era Demetrio? (19:24)*
1. Un predicador en Éfeso
2. *Un platero que hacía templecillos de Diana*
3. Un mago

6. ¿Qué dijo Pablo de los dioses hechos con las manos? (19:26)
1. Que son insensatos
2. Que son estatuas hermosas
3. *Que no son dioses*

7. *Después que Pablo dijo que los dioses hechos con las manos no son dioses, ¿qué sucedió? (19:26-29)*
1. *Todos se llenaron de ira y la ciudad se llenó de confusión.*
2. Los que adoraban en los altares de Diana se alegraron.
3. Los discípulos se enojaron.

8. En el teatro en Éfeso, ¿a quién empujaron los judíos? (19:33)
1. A Pablo
2. *A Alejandro*
3. A Demetrio

9. Según el escribano en Éfeso, ¿qué es lo que no eran Pablo y sus compañeros? (19:37)
1. No eran sacrílegos.
2. No eran blasfemadores de la diosa de Éfeso.
3. *Ambas respuestas son correctas.*

10. *¿Qué le sucedió a Eutico cuando se quedó dormido en la ventana? (20:9-10)*
1. Cayó del tercer piso abajo y murió.
2. Pablo lo abrazó y dijo a todos que el joven estaba vivo.
3. *Ambas respuestas son correctas*

Preguntas Para La Competencia Avanzada

1. ¿Qué preguntó Pablo a los discípulos cuando llegó a Éfeso? (19:1-2)
1. "¿Estuvo Apolos aquí?"
2. "¿Cuántos cristianos hay aquí?"
3. *"¿Recibisteis el Espíritu Santo cuando creísteis?"*
4. "¿Recuerdan quién soy?"

2. ¿Por qué Pablo se apartó de algunos en Éfeso? (19:9)
1. Se endurecieron.
2. No creyeron.
3. Maldijeron el Camino delante de la multitud.
4. *Todas las respuestas son correctas.*

3. ¿Qué sucedía cuando llevaban a los enfermos los paños y delantales que Pablo tocaba? (19:12)
1. Los enfermos empeoraban y morían.
2. *Las enfermedades se iban de ellos y los espíritus malos salían.*
3. Los paños y delantales desaparecían mágicamente.
4. El Espíritu Santo venía sobre los enfermos.

4. *¿Cómo describe a Demetrio el libro de Hechos? (19:24)*
1. Era platero.
2. Hacía templecillos de Diana.
3. Daba no poca ganancia a los artífices.
4. *Todas las respuestas son correctas.*

5. Según Demetrio, ¿qué se iba a desacreditar? (19:27)
1. *El negocio de ellos*
2. El Señor Jesucristo
3. Los adoradores de Diana
4. Todas las respuestas son correctas

6. ¿Qué gritaron los obreros al oír lo que dijo Demetrio? (19:28)
1. "¡Que viva el rey!"
2. "¡Nosotros creemos en Jesucristo!"
3. *"¡Grande es Diana de los efesios!"*
4. "¡Arresten a Pablo y persíganlo!"

7. ¿De qué era guardian la ciudad de Éfeso? (19:35)
1. De muchos dioses y diosas
2. *Del templo de la gran diosa Diana y su* imagen
3. De la palabra escrita de Dios
4. Todas las respuestas son correctas.

8. Según el escribano, ¿qué podían hacer Demetrio y los artífices? (19:38)
1. Quedarse si estaban calmados
2. Hacer alboroto en las calles todo el tiempo que quisieran
3. Acusarse los unos a los otros si tenían pleito contra alguno
4. Hacer ídolos de diferentes dioses

9. ¿Qué le sucedió a Eutico mientras Pablo predicaba? (20:9-10)
1. Lo venció el sueño.
2. Se cayó de la ventana.
3. Murió.
4. *Todas las respuestas son correctas.*

10. ¿Qué hizo Pablo después que resucitó a Eutico de los muertos? (20:10-11)
1. Dejó de predicar y se fue a su casa.
2. *Partió el pan, comió y habló hasta el alba.*
3. Le dijo a Eutico que no se durmiera.
4. Todas las respuestas son correctas.

Hechos 20:17-21:19
Competencia Básica

1. ¿Cómo enseñó Pablo en Éfeso? (20:20)
1. Públicamente
2. Por las casas
3. *Ambas respuestas son correctas.*

2. *¿Qué testificó Pablo a judíos y a gentiles? (20:21)*
1. Del arrepentimiento para con Dios
2. De la fe en nuestro Señor Jesucristo
3. *Ambas respuestas son correctas.*

3. ¿Quién ligó u obligó a Pablo a ir a Jerusalén? (20:22)
1. *El Espíritu*
2. Un ángel
3. Bernabé

4. *¿Qué dijo Pablo en cuanto a su vida? (20:24)*
1. "Es lo más precioso para mí..."
2. *"Ni estimo preciosa mi vida..."*
3. "Estimo mi vida sólo un poco..."

5. ¿De qué daba testimonio el Espíritu Santo a Pablo en todas las ciudades? (20:23)
1. Que le esperaban prisiones
2. Que le esperaban tribulaciones
3. *Ambas respuestas son correctas.*

6. ¿Qué fue lo que Pablo no codició? (20:33)
1. Ni plata ni oro
2. Ni vestido de nadie
3. *Ambas respuestas son correctas*

7. Según las palabras del Señor Jesús, "Más bienaventurado es dar que..." (20:35)
1. "... tomar algo de otros".
2. *"... recibir".*
3. "... tener demasiado".

8. ¿De qué se dolieron en gran manera los ancianos en Éfeso? (20:38)
1. *De que Pablo les dijo que no verían* más su rostro
2. De que Pablo regresaría pronto
3. De que ellos no podían ir con Pablo

9. ¿Qué hicieron los hermanos cuando Pablo y sus compañeros llegaron a Jerusalén? (21:17)
1. *Los recibieron con gozo.*
2. Los arrestaron.
3. Les dieron atención médica.

10. ¿Qué les contó Pablo a Jacobo y a los ancianos cuando llegaron a Jerusalén? (21:19)
1. Los problemas que causaron los judíos
2. *Las cosas que Dios había hecho entre los gentiles*
3. Ambas respuestas son correctas

Preguntas Para La Competencia Avanzada

1. ¿Cómo sirvió Pablo al Señor mientras vivió en Éfeso? (20:17-19)
1. Con temor y temblor
2. *Con toda humildad y con muchas lágrimas*
3. Con confianza y fortaleza
4. Con incertidumbre e inseguridad

2. ¿Cómo enseñó Pablo en Éfeso? (20:20)
1. En forma indecisa
2. *Públicamente y por las casas*
3. Parado sobre una plataforma
4. Sólo a un pequeño grupo de creyentes

3. ¿De qué testificó Pablo a judíos y gentiles en Éfeso? (20:21)
1. Que los dioses de Éfeso eran falsos
2. De todo lo que él sabía
3. *Del arrepentimiendo para con Dios y de la fe en nuestro Señor Jesucristo*
4. Sólo lo que ellos podían comprender

4. ¿Dónde dio testimonio el Espíritu Santo a Pablo de que le esperaban prisiones y tribulaciones? (20:23)
1. En Jerusalén
2. En Asia
3. *En todas las ciudades*
4. En las sinagogas judías

5. ¿A quién encomendó Pablo a los ancianos de la iglesia? (20:32)
1. Unos a otros
2. *A Dios y a la palabra de su gracia*
3. A la dirección de Silas y Timoteo
4. A la gente de Éfeso

6. ¿Las manos de quién sirvieron para suplir las necesidades de Pablo? (20:34)
1. Las manos de sus compañeros
2. Las manos de los discípulos
3. Las manos de los gentiles
4. *Sus propias manos*

7. ¿Qué sucedió después que Pablo terminó de hablar a los ancianos efesios? (20:36-37)
1. Pablo se puso de rodillas y oró.
2. Hubo gran llanto de todos.
3. Echándose al cuello de Pablo, le besaban.
4. *Todas las respuestas son correctas*

8. ¿Quiénes recibieron con gozo a Pablo y a los otros cuando llegaron a Jerusalén? (21:17)
1. *Los hermanos*
2. Nadie
3. Todos los que ellos vieron
4. Sólo los doce apóstoles

9. ¿Qué les contó Pablo, una por una, cuando llegaron a Jerusalén? (21:19)
1. De las personas de Éfeso que no creyeron
2. De los disturbios que él había visto
3. *De las cosas que Dios había hecho entre los gentiles por el ministerio de Pablo*
4. Todas las respuestas son correctas.

10. Completen este versículo: "Pero de ninguna cosa hago caso, ni estimo preciosa mi vida para mí mismo, con tal que acabe mi carrera con gozo, y el ministerio que recibí del Señor Jesús…" (Hechos 20:24).
1. "… y gane la medalla de oro".
2. *"… para dar testimonio del evangelio de la gracia de Dios".*
3. "… aunque la tarea sea muy difícil".
4. "… y viva toda la eternidad en el cielo".

Hechos 21:27-22:29
Competencia Básica

1. ¿A quién pensaron los judíos que Pablo había metido en el templo? (21:29)
1. A Pedro
2. A Cornelio
3. *A Trófimo*

2. ¿Qué sucedió inmediatamente después que los judíos arrastraron a Pablo fuera del templo? (21:30)
1. Mataron a Pablo.
2. Pablo recobró las fuerzas.
3. *Cerraron las puertas.*

3. En Jerusalén, ¿qué hizo la gente alborotada cuando vieron al tribuno y sus soldados? (21:32)
1. Se dispersaron.
2. *Dejaron de golpear a Pablo.*
3. Ambas respuestas son correctas.

4. En Jerusalén, ¿quién arrestó a Pablo y mandó que lo ataran con dos cadenas? (21:33)
1. *El tribuno*
2. La gente alborotada
3. Los oficiales de Jerusalén

5. ¿Por qué los soldados cargaron a Pablo por las gradas para ir a la fortaleza? (21:35)
1. Porque Pablo no podía caminar
2. Porque Jacobo trató de impedir que Pablo se fuera
3. *A causa de la violencia de la multitud*

6. ¿En cuál idioma habló Pablo a la multitud en Jerusalén? (21:40)
1. *Hebreo*
2. Griego
3. Latín

7. ¿Qué hizo la multitud cuando oyó que Pablo les hablaba en hebreo? (22:2)
1. Se alborotaron.
2. *Guardaron más silencio.*
3. Inmediatamente creyeron en Jesucristo.

8. ¿A dónde dijo el Señor que enviaría a Pablo? (22:21)
1. A la gente de Jerusalén
2. A un lugar desconocido
3. *Lejos a los gentiles*

9. ¿Qué dijo Pablo cuando el tribuno le preguntó si era ciudadano romano? (22:27-28)
1. *"Sí... yo lo soy de nacimiento".*
2. "No, yo sólo bromeaba".
3. "Yo soy ciudadano del reino de Dios".

10. Completen este versículo: "Ahora pues, ve, y yo estaré con tu boca, y..." (Éxodo 4:12)
1. "... te protegeré de todo mal".
2. "... te recompensaré grandemente".
3. *"... te enseñaré lo que hayas de hablar".*

Preguntas Para La Competencia Avanzada

1. ¿Qué sucedió mientras toda la ciudad trataba de matar a Pablo? (21:31)
1. Los griegos tomaron control del templo.
2. *Se le avisó al tribuno de la compañía.*
3. Pablo fue llevado al cielo.
4. Todos los judíos fueron capturados.

2. ¿Qué mandó el tribuno? (21:33)
1. *Mandó que atasen a Pablo con dos cadenas.*
2. Mandó a sus soldados que ejecutasen a Pablo.
3. Mandó que Pablo recibiese un juicio justo.
4. Mandó a sus soldados que se defendiesen.

3. ¿Por qué el tribuno ordenó que llevasen a Pablo a la fortaleza? (21:34)
1. Porque Pablo estaba rebelde
2. Porque la multitud lo amaba y quería que se quedara en su ciudad
3. *Porque él no podía entender nada a causa del alboroto*
4. Todas las respuestas son correctas.

4. ¿Quién pensó el tribuno que era Pablo? (21:38)
1. Un falso profeta
2. Un preso que había escapado
3. Una persona muy peligrosa
4. *Un egipcio que levantó una sedición*

5. ¿Qué sucedió cuando la multitud oyó que Pablo les hablaba en hebreo? (22:2)
1. *Guardaron más silencio.*
2. Se llenaron de ira.
3. El Espíritu Santo descendió sobre todos ellos.
4. El tribuno impidió que siguiera hablando.

6. ¿Qué le sucedió a Pablo cuando estaba orando en el templo en Jerusalén? (22:17-21)
1. A Pablo le sobrevino un éxtasis.
2. El Señor le dijo a Pablo que saliera de Jerusalén porque la gente no recibiría su testimonio acerca de Él.
3. El Señor dijo que enviaría a Pablo a los gentiles.
4. *Todas las respuestas son correctas.*

7. ¿Qué hizo Pablo cuando se derramaba la sangre de Esteban? (22:20)
1. Intentó detener a quienes lo estaban matando.
2. Se dio vuelta para no ver lo que pasaba.
3. *Estaba presente y consentía en su muerte.*
4. No hizo nada.

8. ¿Qué preguntó Pablo si les era lícito hacer? (22:25)
1. *Azotar a un ciudadano romano sin haber sido condenado*
2. Arrestar a alguien sin tener pruebas de su delito
3. Matarlo sin haber notificado a su familia
4. Azotar a alguien sin un juicio justo

9. ¿Qué respondió Pablo cuando el tribuno le preguntó: "¿Eres tú ciudadano romano?" (Hechos 22:27)
1. "No, no lo soy".
2. "Nací como ciudadano romano, pero ya no lo soy".
3. *"Sí".*
4. "No te lo diré".

10. *En Jerusalén, ¿por qué el tribuno tuvo temor? (22:29)*
1. Porque Pablo se enfermó en la cárcel
2. Porque Pablo escapó de la cárcel
3. Porque no sabía qué hacer con Pablo
4. *Porque había atado a un ciudadano romano*

Hechos 22:30-23:35
Competencia Básica

1. ¿Qué ordenó el sumo sacerdote Ananías a los que estaban junto a Pablo? (23:2)
1. Que azotaran a Pablo en la espalda
2. *Que golpeasen a Pablo en la boca*
3. Que mataran a Pablo

2. ¿Qué dijo Pablo después que insultó al sumo sacerdote? (23:4-5)
1. "No sabía que era el sumo sacerdote".
2. "Pues escrito está: No maldecirás a un príncipe de tu pueblo".
3. *Ambas respuestas son correctas.*

3. ¿Qué sucedió después que Pablo dijo que se le juzgaba acerca de la esperanza y la resurrección de los muertos? (23:6-7)
1. Dejaron en libertad a Pablo.
2. *Hubo disensión entre los fariseos y los saduceos.*
3. Pablo fue sentenciado a pasar el resto de su vida en la cárcel.

4. ¿Qué temió el tribuno que le harían a Pablo por la gran disensión en el concilio? (23:10)
1. *Temió que Pablo fuese despedazado por ellos.*
2. Temió que Pablo se escapara entre la multitud.
3. Ambas respuestas son correctas.

5. Mientras Pablo estaba en Jerusalén, ¿quién se le presentó y lo animó? (23:11)
1. El tribuno
2. Los discípulos
3. *El Señor*

6. ¿Quiénes tramaron un complot y juramentaron no comer ni beber hasta que hubiesen matado a Pablo? (23:12)
1. Los discípulos
2. *Unos judíos en Jerusalén*
3. Ambas respuestas son correctas.

7. ¿Cuándo planeaban los judíos matar a Pablo en Jerusalén? (23:15)
1. Cuando fuera llevado a la cárcel
2. *Cuando estuviera de camino al concilio*
3. Cuando Pablo estuviese en un barco hacia Roma

8. ¿Quién oyó hablar de la celada para matar a Pablo? (23:16)
1. La hermana de Pablo
2. El cuñado de Pablo
3. *El hijo de la hermana de Pablo*

9. ¿Por qué el tribuno ordenó preparar 200 soldados, 70 jinetes y 200 lanceros para que fuesen a Cesarea? (23:23-24)
1. Para que peleasen contra los judíos
2. *Para que llevasen en salvo a Pablo con Félix el gobernador*
3. Para que ayudaran a los judíos a matar a Pablo

10. ¿Dónde debían custodiar a Pablo en Cesarea? (23:35)
1. En la cárcel
2. *En el pretorio de Herodes*
3. Ambas respuestas son correctas

Preguntas Para La Competencia Avanzada

1. Después de arrestar a Pablo, ¿qué hizo el tribuno al día siguiente? (22:30)
1. Quiso saber de cierto por qué los judíos acusaban a Pablo.
2. Soltó a Pablo.
3. Mandó venir a los principales sacerdotes y a todo el concilio.
4. *Todas las respuestas son correctas.*

2. ¿Cómo llamó Pablo al sumo sacerdote Ananías? (23:3)
1. Hombre malvado
2. *Pared blanqueada*
3. Hombre piadoso
4. Una persona llena de gracia

3. Según Pablo, ¿qué hizo el sumo sacerdote Ananías al mandar que lo golpeasen? (23:3)
1. Cometió un gran pecado
2. Hirió sus sentimientos
3. *Quebrantó la ley*
4. Todas las respuestas son correctas.

4. ¿Por qué se produjo disensión entre los fariseos y los saduceos? (23:7-8)
1. Los saduceos dicen que no hay resurrección.
2. Los saduceos dicen que no hay ángeles ni espíritus.
3. Los fariseos afirman que hay resurrección, ángeles y espíritus.
4. *Todas las respuestas son correctas.*

5. En una visión, mientras Pablo estaba en Jerusalén, ¿dónde dijo el Señor que Pablo debía testificar? (23:11)
1. *En Roma*
2. En Samaria
3. En Judea
4. En Asia

6. ¿En qué estaban involucrados más de cuarenta hombres? (23:12-13)
1. En un complot
2. En un juramento de no comer ni beber
3. En una conjuración para matar a Pablo
4. *Todas las respuestas son correctas.*

7. ¿Qué hizo el hijo de la hermana de Pablo cuando oyó acerca de la celada para matar a Pablo? (23:16)
1. La mantuvo en secreto.
2. Formó un ejército para pelear contra los judíos.
3. *Entró en la fortaleza y le avisó a Pablo.*
4. Oró pidiendo la protección de Dios.

8. Cuando el tribuno supo de la celada, ¿a quiénes mandó que fuesen a Cesarea a la hora tercera de la noche? (23:23)
1. 200 soldados
2. 70 jinetes
3. 200 lanceros
4. *Todas las respuestas son correctas.*

9. ¿Dónde debían custodiar a Pablo en Cesarea? (23:35)
1. En la casa del gobernador
2. En la cárcel
3. *En el pretorio de Herodes*
4. En las calles

10. Según 2 Corintios 1:10c, ¿qué dijo Pablo que Dios aún hará? (2 Corintios 1:10c)
1. Dios aún llamará a apóstoles para que le sirvan.
2. Dios nos servirá.
3. *Dios aún nos librará.*
4. Dios nos hallará cuando más lo necesitemos.

Hechos 25:23 – 26:32

Competencia Básica

1. ¿Quiénes vinieron con mucha pompa y entraron en la audiencia? (25:23)
1. Agripa
2. Berenice
3. *Ambas respuestas son correctas.*

2. ¿Por qué Festo trajo a Pablo ante Agripa? (25:26)
1. Festo estaba enojado con Pablo y quería que otro lo castigara.
2. *Festo quería saber qué escribir acerca de Pablo en la carta a César.*
3. Festo quería que Agripa tuviese fe en Jesús.

3. ¿Por qué Pablo se tuvo por dichoso de estar delante del rey Agripa? (26:2-3)
1. Porque Agripa no era judío
2. *Porque Agripa conocía las costumbres entre los judíos*
3. Porque Agripa era rico y poderoso

4. ¿Qué le rogó Pablo al rey Agripa? (26:3)
1. Que lo dejara libre
2. Que castigara a los judíos
3. *Que lo oyera con paciencia*

5. ¿A quiénes dijo Pablo que había encerrado en cárceles en Jerusalén? (26:10)
1. A los que no pagaban impuestos
2. *A muchos de los santos*
3. Al gobernador de Jerusalén

6. ¿A dónde iba Pablo cuando lo rodeó una luz del cielo? (26:12-13)
1. A Jerusalén
2. A Emaús
3. *A Damasco*

7. ¿A quiénes anunciaría luz el Cristo? (26:23)
1. Al pueblo
2. A los gentiles
3. *Ambas respuestas son correctas.*

8. ¿Quién dijo que Pablo estaba loco? (26:24)
1. Agripa
2. *Festo*
3. Berenice

9. ¿Qué dijo Pablo de sí mismo durante su defensa ante Festo? (26:25)
1. "No estoy loco, excelentísimo Festo".
2. "Hablo palabras de verdad y de cordura".
3. *Ambas respuestas son correctas.*

10. Qué sabía el rey Agripa? (26:25-26)
1. Todas las leyes de Moisés
2. *Las cosas que Pablo estaba diciendo*
3. Ambas respuestas son correctas.

Preguntas Para La Competencia Avanzada

1. ¿Cómo entraron Agripa y Berenice en la audiencia? (25:23)
1. Entraron con mucha pompa.
2. Entraron con los tribunos.
3. Entraron con los principales hombres de la ciudad.
4. *Todas las respuestas son correctas.*

2. ¿Por qué Festo decidió enviar a Pablo a Roma? (25:25)
1. Porque Pablo merecía ser ejecutado
2. *Porque Pablo mismo apeló a Augusto*
3. Porque Félix le dijo que lo enviara allí
4. Porque Pablo ofendió a Festo

3. ¿Quién dio permiso a Pablo para hablar por sí mismo? (26:1)
1. Festo
2. El tribuno
3. *Agripa*
4. Todas las respuestas son correctas.

4. Según Pablo, ¿por qué fue llamado a juicio? (26:6)
1. Porque los judíos lo odiaban
2. *Por la esperanza de la promesa que hizo Dios a sus padres*
3. Porque él predicaba a los gentiles
4. Porque Festo no podía decidir qué hacer con Pablo

5. ¿Qué vio Pablo en el camino a Damasco? (26:13)
1. Un ángel del Señor
2. Nada
3. Un mendigo paralítico
4. *Una luz del cielo*

6. ¿Qué hizo Pablo antes de ver a Jesús en el camino a Damasco? (26:9-10)
1. *Hizo muchas cosas contra el nombre de Jesús.*
2. Apoyó a la iglesia en todo lo que hacían.
3. Trabajó como cobrador de impuestos.
4. Crió a sus hijos.

7. ¿Cuál mensaje anunció Pablo en Damasco, Jerusalén y toda Judea? (26:19-20)
1. Que se arrepintiesen
2. Que se convirtiesen a Dios
3. Que hiciesen obras dignas de arrepentimiento
4. *Todas las respuestas son correctas.*

8. Según Festo, ¿qué estaba volviendo loco a Pablo? (26:24)
1. *Las muchas letras*
2. Sus enseñanzas increíbles
3. Su sentencia a estar encerrado en la cárcel
4. Su fe firme

9. ¿Qué le dijo Agripa a Festo? (26:32)
1. *"Podía este hombre ser puesto en libertad, si no hubiera apelado a César".*
2. "Él no debía haber predicado a los gentiles".
3. "Él violó la ley y se le debe castigar".
4. "Ciertamente él es un ángel, no un hombre".

10. ¿Qué respondieron Pedro y Juan cuando les dijeron que no hablasen ni enseñasen en el nombre de Jesús? (Hechos 4:20)
1. *"No podemos dejar de decir lo que hemos visto y oído".*
2. "Ustedes no deberían juzgar a otros".
3. "¡No nos amenacen!"
4. Todas las respuestas son correctas.

Hechos 27:1-44
Competencia Básica

1. ¿Cuándo empezó a navegar el barco de Pablo? (27:9)
1. Después de Pentecostés
2. *Después que pasó el ayuno*
3. En diciembre

2. ¿Quién advirtió que la navegación sería con perjuicio y mucha pérdida? (27:9-11)
1. Julio
2. El piloto y el patrón de la nave
3. *Pablo*

3. ¿Qué dio contra la nave? (27:14)
1. Un viento huracanado
2. Un Euroclidón
3. *Ambas respuestas son correctas.*

4. ¿Qué hicieron los marineros por temor de dar en la Sirte? (27:17)
1. Arriaron las velas
2. Quedaron a la deriva
3. *Ambas respuestas son correctas.*

5. ¿Qué arrojaron los marineros al tercer día? (27:19)
1. A los esclavos
2. *Los aparejos de la nave*
3. Los alimentos

6. Después que la gente perdió la esperanza de salvarse, ¿a qué los exhortó Pablo? (27:22)
1. *A tener buen ánimo*
2. A dar vuelta y navegar de regreso
3. A enviar un mensaje pidiendo ayuda

7. Durante su viaje en la nave, ¿en qué confiaba Pablo? (27:25)
1. Que todos los que estaban a bordo morirían, excepto él
2. Que los naturales de la isla los atacarían
3. *Que todo sucedería como Dios le había dicho*

8. Después que comieron hasta estar satisfechos, ¿cómo aligeraron la nave los marineros? (27:38)
1. *Echando el trigo al mar*
2. Lanzando por la borda a los presos
3. Cortando las anclas

9. ¿A quién quería salvar el centurión? (27:43)
1. A todos los marineros
2. A sí mismo
3. *A Pablo*

10. ¿Quiénes se salvaron saliendo a tierra? (27:44)
1. Solamente los soldados
2. Solamente los presos
3. *Todos*

Preguntas Para La Competencia Avanzada

1. ¿Quién era Julio? (27:1)
1. El soldado que acompañó a Pablo y otros presos a Roma
2. Un centurión
3. Un miembro de la compañía Augusta
4. *Todas las respuestas son correctas.*

2. ¿A qué daba más crédito el centurión? (27:11)
1. *A lo que el piloto y el patrón de la nave decían*
2. A lo que su esposa decía
3. A lo que Pablo decía
4. A su propio consejo

3. ¿Cómo se llamaba el viento huracanado? (27:14)
1. Tifón
2. *Euroclidón*
3. Relámpago
4. La Gran Tormenta

4. ¿Qué hicieron los marineros a la nave cuando estaba en medio de una tempestad? (27:17-19)
1. Usaron de refuerzos para ceñir la nave.
2. Arriaron las velas y quedaron a la deriva.
3. Empezaron a alijar y arrojaron los aparejos de la nave.
4. *Todas las respuestas son correctas.*

5. ¿Qué le dijo el ángel de Dios a Pablo en la nave? (27:23-24)
1. No temas.
2. Es necesario que comparezcas ante César.
3. Dios te ha concedido todos los que navegan contigo.
4. *Todas las respuestas son correctas.*

6. En la nave, ¿qué hizo Pablo con el pan? (27:35)
1. *Dio gracias a Dios, lo partió y empezó a comer.*
2. Lo arrojó por la borda.
3. Él no tenía hambre.
4. Todas las respuestas son correctas.

7. *¿Qué sucedió cuando izaron al viento la vela de proa y se dirigieron a la playa? (27:40-41)*
1. La nave dio en un lugar de dos aguas y encalló.
2. La proa estaba hincada y quedó inmóvil.
3. La popa se abría con la violencia del mar.
4. *Todas las respuestas son correctas.*

8. ¿Quién impidió que los soldados realizaran su plan de matar a los presos a bordo? (27:43)
1. Pablo
2. El patrón de la nave
3. Los naturales de la isla
4. *El centurión*

9. ¿Qué mandó el centurión a algunos de los presos? (27:43-44)
1. *Mandó que los que pudiesen nadar se echasen y saliesen a tierra.*
2. Mandó que los que no pudiesen nadar, se atasen a sí mismos al mástil de la nave.
3. Mandó que algunos de los presos escapasen en botes salvavidas.
4. Todas las respuestas son correctas.

10. *Completen este versículo: "Mantengamos firme, sin fluctuar, la profesión de nuestra esperanza..." (Hebreos 10:23)*
1. "... porque la vida es corta".
2. "... porque no se puede poner la esperanza en la gente".
3. *"... porque fiel es el que prometió".*
4. "... porque uno nunca sabe qué pueda suceder mañana".

Hechos 28:1-31
Competencia Básica

1. ¿Qué sucedió cuando Pablo echó algunas ramas secas al fuego? (28:3-5)
1. Una víbora se prendió en la mano de Pablo.
2. Pablo sacudió la víbora en el fuego.
3. *Ambas respuestas son correctas.*

2. ¿Quién recibió a Pablo y sus compañeros y los hospedó solícitamente tres días en la isla de Malta? (28:7)
1. El rey de Malta
2. *El hombre principal de la isla, Publio*
3. Varias de las viudas de Malta

3. ¿Quiénes vinieron a Pablo después que él sanó al padre de Publio? (28:9)
1. *Los otros de la isla que tenían enfermedades*
2. Toda la familia de Publio
3. Los hombres principales de Malta

4. ¿Qué hicieron los naturales de Malta por Pablo y el grupo? (28:10)
1. Los honraron con muchas atenciones
2. Los cargaron de las cosas necesarias
3. *Ambas respuestas son correctas.*

5. ¿Qué sucedió cuando Pablo vio a los hermanos de Roma? (28:15)
1. *Dio gracias a Dios y cobró aliento.*
2. Se enojó con ellos porque lo habían enviado a la cárcel.
3. Les preguntó por qué no habían ido a verlo en Jerusalén.

6. ¿Por qué los principales de los judíos en Roma querían oír lo que pensaba Pablo? (28:22)
1. *Porque en todas partes se hablaba contra esta secta.*
2. Porque estaban emocionados de oír el testimonio de Pablo
3. Porque recibieron una carta de Jerusalén acerca de Pablo

7. ¿Cuándo se retiraron de Pablo los principales de los judíos en Roma? (28:25)
1. *Después que Pablo les dio una última palabra*
2. Alrededor del mediodía
3. Inmediatamente después que Pablo empezó a enseñar acerca de Jesucristo

8. Según Pablo, ¿qué fue enviada a los gentiles? (28:28)
1. Sueños y visiones
2. *La salvación de Dios*
3. Dolor y sufrimiento

9. ¿Qué dijo Pablo que harían los gentiles con el mensaje de la salvación de Dios? (28:28)
1. Lo dejarán de lado.
2. No lo escucharán.
3. *Ellos lo oirán.*

10. ¿Cuánto tiempo permaneció Pablo en Roma? (28:30)
1. *Dos años*
2. Dos meses
3. Dos semanas

Preguntas Para La Competencia Avanzada

1. ¿Qué hicieron los naturales de Malta por Pablo y sus compañeros? (28:1-3)
1. Los trataron con no poca humanidad.
2. Encendieron un fuego para ellos.
3. Los recibieron a todos.
4. *Todas las respuestas son correctas.*

2. ¿Por qué los naturales dijeron que Pablo era homicida? (28:4)
1. Porque Pablo estaba haciendo milagros
2. Porque Pablo se veía culpable y nervioso
3. *Porque una víbora se prendió en la mano de Pablo*
4. Todas las respuestas son correctas.

3. ¿Qué le pasó a Pablo cuando la víbora lo mordió (28:5-6)
1. *Pablo no padeció ningún daño.*
2. Pablo se hinchó.
3. De pronto Pablo cayó muerto.
4. Pablo llegó a ser como Dios.

4. ¿Cómo fue sanado el padre de Publio? (28:8)

1. Pablo entró a verle.
2. Pablo oró por él.
3. Pablo le impuso las manos y le sanó.
4. *Todas las respuestas son correctas.*

5. ¿Qué hizo Pablo cuando vio a los hermanos en Roma? (28:14-15)

1. *Dio gracias a Dios y cobró aliento.*
2. Los abrazó y lloró.
3. No quiso mirarlos porque estaba avergonzado.
4. Les pidió alimento y un lugar donde quedarse.

6. ¿Por qué dijo Pablo que estaba sujeto con una cadena? (28:20)

1. Porque había cometido un crimen que merecía la muerte
2. *Por la esperanza de Israel*
3. Porque su propio pueblo era culpable
4. Todas las respuestas son correctas.

7. Cómo trataba Pablo de persuadir acerca de Jesús a los que estaban en Roma? (28:23)

1. Por medio de señales milagrosas
2. *Por la ley de Moisés y por los profetas*
3. Por medio de historias de sus viajes
4. Diciéndoles que él los amaba

8. *Según Pablo, ¿qué se les envió a los gentiles? (28:28)*

1. Dinero para construir nuevas iglesias
2. *La salvación de Dios*
3. Dolor y sufrimiento
4. Persecución

9. ¿Qué dijo Pablo que harían los gentiles con el mensaje de la salvación de Dios? (28:28)

1. Lo dejarán de lado.
2. No lo escucharán.
3. *Lo oirán.*
4. No sabrán lo que significa.

10. ¿Qué hizo Pablo por dos años mientras *estuvo en Roma? (28:30-31)*

1. Permaneció en una casa alquilada.
2. Predicó el reino de Dios abiertamente y sin impedimento.
3. Enseñó acerca del Señor Jesucristo.
4. *Todas las respuestas son correctas.*

Tabla de Puntaje

Instrucciones: En el nivel inicial de MEBI se usan 15 preguntas, en el avanzado se usan 20 preguntas. Lee las reglas y apégate a ellas.

Nombres: Vuelta 1	1	2	3	4	5	6	7	8	9	10	11	12	13	14	15	16	17	18	19	20	Total

Puntos adicionales del equipo

Puntaje total del equipo

Nombres: Vuelta 1	1	2	3	4	5	6	7	8	9	10	11	12	13	14	15	16	17	18	19	20	Total

Puntos adicionales del equipo

Puntaje total del equipo

Nombres: Vuelta 1	1	2	3	4	5	6	7	8	9	10	11	12	13	14	15	16	17	18	19	20	Total

Puntos adicionales del equipo

Puntaje total del equipo

www.ingramcontent.com/pod-product-compliance
Lightning Source LLC
Chambersburg PA
CBHW081512040426
42447CB00013B/3203